Rufino Blanco Fombona

Antología

Barcelona 2024
Linkgua-ediciones.com

Créditos

Título original: Antología

© 2024, Red ediciones S.L.

e-mail: info@linkgua-ediciones.com

Diseño de cubierta: Mario Eskenazi.

ISBN rústica: 978-84-9007-337-7.
ISBN ebook: 978-84-9007-338-4.

Sumario

Brevísima presentación

La vida

Rufino Blanco Fombona (Venezuela, 1874-Argentina, 1944), fue narrador, publicista y ensayista.

Como editor fundó entre 1910 y 1920 un proyecto editorial latinoamericano al que llamó la Biblioteca Americana. Fue considerado como una gloria de las letras hispanoamericanas. Fue un autor combativo y polemista y su impetuosa vida política, la mayor parte de ella en Europa como perseguido y desterrado por el gobierno de Juan Vicente Gómez, dejó una profunda huella en España y Latinoamérica. En este libro la reflexión sobre el temperamento español coincide con apreciaciones sobre Sarmiento, González Prada, Darío y Lugones.

El español

Personalidad de la raza

No existe raza menos gregaria que la española. Pocas tienen tanta personalidad. Es individualista en sumo grado. Lo fue siempre. El mismo hecho de acogerse a vivir en comunidades, en conventos, no es para comunizar la vida, sino para individualizarla. A lo sumo se llega, por obediencia, por espíritu de sacrificio, para ser grato a Dios, a confundir la vida propia con la del monasterio o comunidad en cuyo seno se habita; entonces el convento es «mi convento»; la Orden es «mi Orden».

Hubo un tiempo en que a las órdenes se las llamaba religiones. «Mi religión, nuestra religión», decían, por ejemplo, los dominicos, como si los jesuitas, los benedictinos, pertenecieran a otra fe. En el extranjero decíase otro tanto; pero es muy probable que la expresión se haya formado en España, cuya voz entonces repercutía en el mundo, y el mundo solía devolverla como un eco.

Es muy frecuente que unas a otras comunidades se odien y declaren guerra sin cuartel. También surgen a veces en los conventos de España individualistas, a prueba de reglas. San Pedro de Alcántara estuvo treinta y seis meses en un monasterio sin hablar con nadie, sin mirar siquiera la cara a sus compañeros de reclusión. Luego vivió treinta años en el yermo, de rodillas. Los trapistas, fenómenos de antisociabilidad, que han desaparecido de casi todo el mundo, aún perduran y florecen en algunos rincones de España.

El bravío individualismo español lo induce a desamar la acción asociada. En nuestros días, desde el juicio por jurados hasta el parlamentarismo han hecho bancarrota en España. En cambio, han florecido espontáneamente, siempre que la ocasión fue propicia: en política, el cacique; en religión, el cenobita, y como una morbosidad social, el bandolero.

El bandido fue tipo muy popular y muy prestigioso en Andalucía, donde el carácter regional y el terreno lo favorecieron, mientras no hubo telégrafos, ferrocarriles y guardia civil. Ahora la guardia civil, ayudada por la prensa, el telégrafo, el ferrocarril y los fusiles de repetición, ha exterminado a los bandoleros.

Los mismos ideales sociales de nuestro tiempo se tiñen en España de un color especial. España es más anarquista que socialista. Muchos de los epílogos sangrientos que están haciendo verter lágrimas en los hogares españoles con motivo de la presente lucha de clases resultan ajenos a toda presión de sindicatos y parecen la obra espontánea y personal de individualidades que juzgan, condenan y ejecutan por sí y ante sí.[1]

Los franceses están, por ciertos segmentos de su espíritu, como el sentido de organización, sino el de jerarquía, mucho más cerca de los alemanes que de los españoles. Es verdad que llevan en las venas bastante sangre germánica. En un país de individualismo tan exaltado y tan anárquico como España es difícil que nadie hubiera intentado nunca, como Augusto Comte en Francia, organizar, disciplinar, cosa tan íntima, arbitraria y discorde como los sentimientos.

Cuando a Simón Bolívar se le ocurrió prácticamente, antes que a Comte se le ocurriera en teoría, la idea de legislar sobre los sentimientos —amor de la patria, moralidad pública, respeto a los ancianos, etc.—, la repulsa a su proyecto de una Cámara de Censores y a la institución de un Poder Moral fue unánime. América, hija de España, rechazó el proyecto con toda la indignación de su individualismo amenazado.

En España nadie está de acuerdo con nadie.[2]

---

1   Un testimonio reciente lo corrobora. Léase en *La Voz*, de Madrid, 17 de diciembre de 1921, la entrevista de un redactor de ese periódico con dos jefes sindicalistas de Barcelona: Pestaña y Noi del Sucre. El repórter, refiriéndose a la serie de atentados de carácter social —o tenidos por tales— que se cometieron en Barcelona ininterrumpidamente, pregunta a Pestaña cómo los jefes sindicalistas no pudieron impedir aquellas agresiones de que se acusa al sindicalismo catalán, y Pestaña responde textualmente:
—Era muy difícil, por no decir imposible. Obraban por iniciativa particular y con absoluta independencia.

2   No hace mucho pudo leerse en la prensa que los periódicos de Madrid, después de innúmeras reuniones, no logran ponerse de acuerdo para encontrar una fórmula que los salve de la ruina; es decir, de las fauces de la Papelera Española. Es necesario saber que la Papelera Española es un ávido monopolio que a la sombra de un arancel proteccionista succiona y aniquila con cínico descaro y manifiesta injusticia el vigor y la sustancia de las empresas editoriales y periodísticas. La Papelera aspira —y con razón, puesto que la dejan—, no solo a continuar con el monopolio del papel, sino a implantar el monopolio editorial: la Empresa Calpe es suya; al monopolio del diarismo: uno de los mejores perió-

Enemiga de sumisión a pragmáticas, cánones y coacciones disciplinarias, España es un país poco bohemio. Se prefiere la estrechez en libertad a la jaula llena de cañamones. A los mendigos que pululan en ciudades, villorrios y carreteras es casi imposible reducirlos a habitar en asilos.

Uno de los ingenios españoles que con más sagacidad ha buceado en los últimos tiempos el alma de su país observa:

En la Edad Media nuestras regiones querían reyes propios, no para estar mejor gobernadas, sino para destruir el poder real; las ciudades querían fueros que las eximieran de la autoridad de los reyes ya achicados, y todas las clases sociales querían fueros y privilegios a montones. Entonces estuvo nuestra Patria a dos pasos de realizar su ideal jurídico: que todos los españoles llevasen en el bolsillo una carta foral con un solo artículo, redactado en estos términos breves, claros y contundentes: «Este español está autorizado para hacer lo que le dé la gana».[3]

---

dicos de la mañana y el mejor periódico de la noche son suyos; y suyos, indirectamente, los periódicos a quienes obliga con favores, a quienes puede hacer fracasar por medio de hábiles hostilidades. El clamor fue tanto, que el Gobierno se vio precisado a permitir la entrada libre del papel extranjero para salvar a los editores de libros y periódicos. La Papelera pone en juego sus influencias, llama antipatriótica a la medida gubernamental que tiende a salvar las industrias españolas del libro y del diario, no solo permitir la libre importación del papel, que en la Europa deshecha y arruinada por la guerra se adquiere más barato que en la España pacífica y enriquecida. Pues bien: ni dueños de casas editoras ni dueños de empresas periodísticas llegan a ponerse de acuerdo para salvarse de la Papelera y de la ruina. Los diarios ni siquiera se conciertan para fijar el precio y tamaño de los periódicos.

En el *ABC*, diario madrileño, pudo leerse (15 de febrero de 1921): «El acuerdo que en la redacción de *El Imparcial* adoptaron varios directores de periódicos quedó roto por falta de unanimidad en su cumplimiento». Otro periódico de Madrid rompe por lo sano, y dice: «En vista de que es imposible tratar nada serio con algunos periódicos, pues jamás cumplen aquello a que se comprometen y solo se preocupan de su particular conveniencia, se desliga en absoluto *La Correspondencia de España* de todo compromiso colectivo y recaba su completa libertad de acción».

3   Ángel Ganivet, *Idearium español*, edición de Granada, MDCCCXCVII, pág. 57.

¿Qué es ello sino superabundancia de personalidad, individualismo; un individualismo que desborda por su mismo exceso de las personas a las entidades de geografía política?

El individualismo español lo patentiza, entre otras cosas, su manera de guerrear, desde los tiempos de Viriato y Sertorio hasta Espoz y Mina, el Empecinado y demás guerrilleros de la lucha contra Napoleón. En España nace la guerra de guerrillas, único medio de que cada localidad posea su caudillo y su hueste, único medio de que cada jefecito, es decir, cada jefe de guerrilleros se imagine jefe de ejércitos, factor de primer orden en todo momento de peligro. En esta forma de combatir cada soldado, en vez de reducirse a número de tropa sin voz ni voto, cuya personalidad desaparece en la del cuerpo que integra, tiene iniciativas personales, combate como ser humano, no como mera máquina, y puede, en algún momento decisivo, significarse con las proporciones de héroe. Los conquistadores de América no son sino guerrilleros, algunos de gran talento militar, como Cortés, o de vastos planes, como Balboa. Y fuera de Bolívar, Miranda, Sucre, San Martín y Piar, ¿qué fueron los caudillos de nuestra emancipación sino guerrilleros, algunos estupendos y casi fabulosos como Páez? Los americanos heredaron de España la aptitud guerrera y la forma de combatir.

¿Se quiere algo más individualista que estos mismos hombres que realizaron la epopeya de América en el siglo XVI? Ellos que miraron, como Nietzsche, más allá del Bien y del Mal, practicaron en carne viva lo que siglos más tarde Nietzsche preconizó sobre el papel: tuvieron no la moral de los esclavos, sino la moral de los amos. La moral de los amos, ¿no consiste en la exaltación del individualismo, en desarrollar al máximum la voluntad de potencia del individuo? ¿Qué otra cosa hicieron aquellos ínclitos guerrilleros de la conquista? Este sentimiento de exagerado individualismo se extiende a la región, puede llamarse regionalismo. Este sentimiento que también heredó América, ha sido perjudicial en América y en España.

• • •

La raza española, aunque imperialista, es enemiga del imperio. Rechaza la unidad y tiende a la independencia provincial y de comunas. La unidad imperial la realizan en España monarcas extranjeros y absolutistas. Lo caste-

14

llano es el municipio libre, dentro del Estado; las provincias independientes con fueros propios; la libertad federativa, no la unidad autocrática.[4]

En España, desde los tiempos de las invasiones históricas, que se llevan a cabo con increíble facilidad, hasta los actuales gérmenes de separatismo en Cataluña y Vasconia, el espíritu de localidad o regionalismo es talón de Aquiles.

Ese mismo espíritu la ha salvado o dignificado, con todo, en más de una ocasión. Los invasores se estrellan a menudo contra la tenacidad defensiva de alguna ciudad heroica; los cartagineses, contra Sagunto; los romanos, tiempo adelante, contra Numancia; los franceses, en nuestros días, contra Zaragoza y Gerona. Porque estas defensas no son como la defensa de Verdún contra los alemanes: un país entero y aun varios países representados por sus ejércitos salvaguardando una ciudad fortificada; son las mismas ciudades, a veces casi inermes, entregadas a su propio esfuerzo, que luchan contra los invasores. La isla de Margarita, en las guerras americanas de emancipación, defendió sus pueblos hasta a pedradas, en la misma forma local e intransigente que Gerona, Zaragoza y Sagunto. Hubo entonces otros ejemplos análogos.

América, junto con el exagerado individualismo, heredó la tendencia localista, el amor desenfrenado de la independencia y la ineptitud para constituir grandes unidades políticas. A ello se debe el que hoy no forme uno, dos o tres Estados fuertes, sino caterva de microscópicas republiquitas.

El Libertador de América, Simón Bolívar, cuyo genio político fue tan grande, por lo menos, como su genio militar, soñó desde la iniciación de su carrera con formar un Estado americano de primer orden que llevase la batuta en los negocios de nuestro planeta. Ya en 1813 un ministro suyo, inspirado visiblemente por el Libertador, habla de un Poder que pueda servir

---

4   América tuvo, aun en lo más crudo del poder español, una relativa independencia municipal de que no siempre ha gozado después en tiempos de la República. La federación entre nosotros, ya que se quería implantar, no necesitó ser, como ha sido y es en Argentina, Venezuela, México, etc., caricatura servil de los yanquis; pudo tomar por base la antigua independencia comunal de Castilla y nuestra propia tradición de municipios autónomos. Los comuneros del Socorro, en el Virreinato de Nueva Granada, son tan heroicos defensores y mártires de la libertad como los victimados por la autocracia austríaca en Villalar.

de contrapeso a Europa y establecer, dice; «el equilibrio del universo». En 1815, en la célebre carta que –vencido por los españoles, desterrado por la anarquía criolla– dirige en Kingston a un caballero inglés, trata Bolívar de la posible creación de dos o tres grandes Estados americanos. En 1818 escribe a Pueyrredón, director de las provincias argentinas, que la América española, unida, debe formar un gran Poder; debe constituirse «el Pacto americano que, formando de todas nuestras Repúblicas un Cuerpo político, presente la América al mundo con un aspecto de majestad y grandeza sin ejemplo en las naciones antiguas. La América, así unida, podrá llamarse la reina de las naciones, la madre de las Repúblicas».

En 1819 apenas independiza con la victoria de Boyacá, en el corazón de los Andes, el virreinato de Nueva Granada, funda una fuerte república militar, Colombia, englobando tres Estados: el antiguo virreinato de Nueva Granada, la Capitanía general de Caracas y la Presidencia de Quito. En 1822 invita, en nombre de Colombia, a todas las repúblicas hispanas de América a celebrar una unión que haga frente no solo a España, sino a toda Europa, recién organizada en agresiva Alianza de tronos, llamada Santa. En 1825 sueña en formar el imperio republicano de los Andes, con casi toda la América del Sur, desde la mitad norte del antiguo virreinato del Plata hasta los pueblos del mar Caribe y el golfo mexicano. En 1826 convoca a todos los Estados recién emancipados de España al Congreso Internacional de Panamá, con el fin de echar las bases del derecho público americano y erigir, a pesar de los celos locales, el gran Poder Interamericano, la Sociedad de Naciones, por encima de las soberanías parciales, un Estado Internacional que constituyese a nuestra América, de facto, en «la madre de las Repúblicas», en «la más grande nación de la tierra».

Este gran sueño de Bolívar, que fue el más alto honor de su vida, salvo el de haber realizado la emancipación del continente, no pudo cumplirse. Él no podía hacerlo todo. Era necesario el contingente de los pueblos. Y contra su ideal unificador alzóse el ideal de patrias chicas, el espíritu localista, que convirtió a la América en un haz de repúblicas microscópicas, carentes de influencia internacional y fácil presa de ambiciosos caudillos sin más horizonte ni más prestigio que el de sus campanarios natales.

El individualismo y el localismo hereditarios triunfaban del hombre de genio. El hombre de genio veía entorpecidos sus planes por microbios a quien despreciaba: Santander en Cundinamarca, Rivadavia en Argentina, Páez en Venezuela, Freyre en Chile. Pero aquellos microbios eran una gran fuerza; representaban, sin saberlo, el espíritu de la raza.

La arrogancia española

Acostumbrado por su carácter enérgico y de combate a las decisiones de la fuerza, el español es orgulloso. No cuenta en las grandes ocasiones sino consigo mismo, lo que le infunde conciencia, a menudo exagerada, del propio valer y de la propia personalidad.

El orgullo español, que también puede llamarse arrogancia, porque no es callado, sino expresivo y visual, tiene su culminación en el siglo XVI. Y es natural, porque todo pueblo en sus épocas de esplendor se ensoberbece. Los romanos de Augusto, los franceses de Napoleón, los ingleses de Victoria, los alemanes de Guillermo II y hasta los yanquis de Wilson, ¿no han sido de un orgullo insufrible? Los españoles del tiempo de Carlos V y de Felipe II también lo fueron.

Se ha dicho que en aquella época se creían, como pueblo, superiores a todas las demás naciones. Brantôme ve desfilar a los soldaditos de los tercios castellanos, y admirado prorrumpe: «Los llamaríais príncipes por su arrogancia». Esa misma arrogancia la descubren más tarde los tipos de soldados que inmortalizó el pincel de Velázquez en *La rendición de Breda*. Observación magnífica es la de que, por arrogante, osó España acometer empresas máximas con medios deficientes; aunque la arrogancia puede, en este caso, no ser considerada como factor exclusivo, sino que debe dársele parte a la imprevisión y a la tendencia a conceder puesto al azar en toda empresa. Pero la arrogancia luce patente.[5]

Individualista y orgulloso, cada español se cree el centro del universo. Imagina que de él brota no se sabe qué fuente de autoridad, superior a la

---

5   «Es realmente portentoso cómo, con los escasos medios de que disponía, realizase hechos tan grandes, pues fueran cuales fuesen los dominios imperiales de Carlos V, España sola llevó a cabo sus guerras de religión y la conquista y colonización de América. Fue la arrogancia española la que todo lo desafió.» C. O. Bunge, *Nuestra América*, edición de Buenos Aires, pág. 47.

autoridad reconocida. Hoy mismo puede advertirse cómo le cuesta trabajo obedecer al policía en la calle, al cobrador en el tranvía, al juez en el Juzgado, al presidente de la Cámara en el Parlamento.

Lo típico de esta arrogancia, ya personal, ya colectiva, no es que dé al aire penacho altivo y frondoso en épocas de fortuna y excelsitud nacional —que nunca se debieron en España sino a la espada—, sino que jamás declina. Perdura a través de todas las edades y de todas las circunstancias.

—*Yo soy Alvar Núñez, para todo el mejor* —exclama, desafiador, en presencia del rey Alfonso, un héroe del añejo poema del Cid. Ya el orgullo ahoga a los héroes.

Los españoles del siglo XVI creían una superioridad el haber visto la luz en la Península Ibérica. Con claro sentido de la época, del carácter nacional y del personaje, pone un poeta en boca del conde de Benavente, general de Carlos V y enemigo del condestable de Borbón, también soldado imperial, esta jactancia:

> ...Que si él es primo de reyes,
> primo de reyes soy yo...,
> llevándole la ventaja
> que nunca jamás manchó
> la traición mi noble nombre,
> ¡Y HABER NACIDO ESPAÑOL!

Ni la propia majestad del rey les hace doblegar el orgullo. La antigua ceremonia de los grandes de España, que se cubren ante el rey, quizá no tenga otro fundamento psicológico. «Cada uno de nosotros vale tanto como vos y todos juntos más que vos —decían, como sabemos, los nobles aragoneses al monarca—. Somos iguales al Rey, dineros menos», decían los castellanos. Los refranes populares confirman esta altivez, que se extiende a todas las clases.

Los bienes materiales suelen sacrificarse de buen grado a una satisfacción de amor propio.

¿No prende fuego a su palacio toledano ese mismo conde de Benavente porque el emperador le obliga a ceder aquella mansión para morada provisoria del condestable?

Ni ante la muerte declina la arrogancia de aquellos españoles del siglo XVI.

Cuando iban a morir, a manos del verdugo, los últimos defensores y mártires de las antiguas libertades comunales de Castilla: Padilla, caudillo de los comuneros de Toledo; Maldonado, de los de Salamanca, y Juan Bravo, de los de Segovia, asesinados por autocracia de los príncipes austríacos, un pregonero precedía la fúnebre comitiva. El pregonero divulgaba: «Esta es la justicia que manda a hacer Su Majestad a estos caballeros, mandándolos degollar por traidores...». Como lo escuchara Juan Bravo, escupió furioso a la cara del pregonero y a la del rey enérgico mentís: «Mientes tú y quien te lo mandó decir. Traidores, no; defensores de la libertad del reino». Ya en el patíbulo, frente a frente de la muerte, Juan Bravo, tan digno de su nombre, se encaró con el verdugo y, pensando en Padilla, le dijo: «Degüéllame a mí el primero para que no vea la muerte del mejor caballero que queda en Castilla».[6]

En el siglo XVII, ya en carrera tendida hacia una irremediable decadencia, la arrogancia española, que no es ocasional, sino ingénita, asombra a los viajeros. Con una particularidad: esa orgullosa arrogancia no se descubre solo en las clases favorecidas por el nacimiento, o la política, o la riqueza; extiéndese a todas. Se descubre lo mismo en la insolencia de un favorito poderoso como el conde-duque de Olivares o de un cortesano que se enamora de la reina, como Villamediana, y que a trueque de perderse, manifiesta con jactancia, haciendo un equívoco: «Mis amores son reales»; pero también se vislumbra en la apostura del labriego y bajo los harapos del mendigo.

En el siglo XVII, la condesa D'Aulnoy deja, lo mismo que otros muchos viajeros, impresiones de carácter interesante y pintoresco. Refiere la viajera

---

6   ¿Hoy sucede algo diferente? El 16 de marzo de 1921 han fusilado en Valencia a un soldado que hirió a un capitán. El soldado, condenado a muerte, escribe con la mayor serenidad a su padre, a su madre —y probablemente inducido por los jefes— al capitán ofendido, a quien pide perdón; pero ruega al confesor que no entregue la carta al capitán sino después de que se cumpla la ejecución. Eso se llama orgullo.

que en un pueblo de Castilla riñó cierto caballero español que la acompañaba al cocinero de la fonda. La señora oía las voces desde su habitación. A los cargos del caballero escuchó, sorprendida, esta respuesta del fámulo: «No puedo sufrir querella, siendo cristiano viejo, tan hidalgo como el Rey y un poco más». «Así se alaban los españoles —comenta la dama extranjera— cuando se juzgan obligados a defender su orgullo.»[7]

«Los españoles —observa poco más adelante— arrastran su indigencia con aire de gravedad que impone; hasta los labriegos parece que al andar cuentan los pasos.»[8] Esta observación la repiten, en una u otra forma, durante el siglo XIX, viajeros de diversas nacionalidades, lo que prueba que a todos les llama la atención: un yanqui, Washington Irving; un francés, Théophile Gautier; una rusa, María Bashkirtsev.

Las mujeres de España suelen no ser ni menos arrogantes ni menos corajudas que los hombres. Los ejemplos abundan en todas las épocas. Podrían citarse desde Isabel la Católica, siempre a caballo en su jaca y en su energía, hasta la monja Alférez; desde doña María de Padilla hasta Agustina de Aragón, y desde las mujeres de Medina del Campo y Tordesillas, ciudades que preferían ser abrasadas a rendirse, en la guerra civil de las comunidades, hasta las manolas del 2 de mayo en Madrid. Tirso de Molina pone en boca de una infanta española esta viril jactancia:

Veréis si en vez de la aguja
sabrá ejercitar la espada
y abatir lienzos de muro
quien labra lienzos de Holanda.

• • •

En la decadencia personal o de patria se mantiene erguido este arrogante y fiero orgullo. Y el contraste entre la persona o la patria venida a menos y la altivez altisonante e intempestiva produce honda impresión, que a un tiempo lastima y mueve a risa.

7   *Relación que hizo de su viaje por España la señora condesa D'Aulnoy en 1679* (primera versión castellana), Madrid, 1891, pág. 81.
8   *Relación...*, op. cit., pág. 82.

Ese es precisamente uno de los tesoros que explotó el genio de Cervantes: don Quijote, desarmado, caído, vapuleado, sin poderse mover, en el colmo de la impotencia, discurre como Hércules y ofrece castigar o perdonar con absoluto desconocimiento de su triste estado. «¿Leoncitos a mí?», exclama en cierta ocasión, desdeñoso de la fiera y más león que los leones. Esta sublime ceguera, esta heroica y absurda actitud ha sido en ocasiones la de España en cuanto nación.

A promedios del siglo XIX estaba España, como todos sabemos, bien decaída y de pronunciamiento en pronunciamiento acrecentaba su desprestigio. El arrogante patriotismo nada percibía, sino majestad, poderío en la nación —y envidia de la grandeza española en los demás pueblos—. Los poetas loan a su país como un romano del siglo de Augusto pudiera cantar a Roma. «El pueblo que al mundo aterra», lo llama, en brioso apóstrofe, uno de los más celebrados poetas de entonces, en canto «Al dos de mayo».

Y no se trata de poetas; esto es, de exaltados e imaginativos: el país entero, y aun ya a fines del siglo, compartía la creencia de una grandeza nacional indeclinable. Eminente sociólogo de España lo confirma: «Por cierto teníamos el dicho de que cuando el león español sacudía la melena, el mundo se echaba a temblar».[9]

Muy adelantada la guerra de emancipación de América, establecidas ya repúblicas que funcionaban como entidades internacionales; después de ocho o diez años de incesante combatir, después de haber perecido en los campos del Nuevo Mundo, a manos de los soldados de Bolívar, múltiples expediciones europeas, una de las cuales —la conducida por el general don Pablo Morillo— ha sido considerada por el propio Morillo como la expedición militar más completa, aguerrida y numerosa que en cualquier tiempo hubiera salido a combatir fuera del territorio español, todavía en aquellas circunstancias ordena el gobierno de Madrid o permite que a los caudillos libertadores se les siga juicio personal como a vasallos rebeldes —es decir, como a traidores— aplicándoles el código medieval de *Las siete Partidas*, y no se les considere como a beligerantes, según el Derecho de Gentes.

Un fiscal del rey, en la Real Audiencia de Caracas, don Andrés Level de Goda, hombre donoso, de agudísima intención y abierto al espíritu de los

---

9   M. de Sales y Ferré, *Problemas sociales*, Madrid, 1911, pág. 12.

tiempos nuevos, escribe a S.M. que no se pueden seguir juicios en rebeldía contra aquellos triunfadores caudillos de ejércitos y contra jefes de Estado. «Esto no es tumulto ni cofradía –expone–; es guerra en toda forma, y los que nos la hacen son nuestros enemigos.»[10]

Respecto de los juicios demuestra con humor de buena ley lo ridículo del procedimiento. Se pregona en algunas de las escasas poblaciones aún sin tomar por los patriotas que tal o cual de aquellos caudillos debe comparecer ante la justicia «bajo el apercibimiento de incurrir en las penas de la ley». Como factor de alguna operación militar, preséntase algún día ante la ciudad del pregón ese caudillo u otro. ¿Y qué ocurre? «Todos corremos –dice Level–, y el pueblo con nosotros.» «Llamar a un reo –comenta el fiscal en su documento al Monarca–, llamar a un reo por edictos y pregones, venir el reo y huir el juez, escribano y pregonero, porque no le quieren aguardar ni aun ver su cara, la penetración de V.M. no solamente lo encontrará indecoroso a la Real Audiencia, que es viva imagen de V.M., sino también muy cómico y un objeto adecuado a las páginas del famoso romance de Cervantes.»[11]

Por boca y pluma de aquel magistrado del antiguo régimen, de aquel funcionario del rey, salían las ideas modernas de la revolución de Hispanoamérica: era la filtración de las ideas ambientes en uno de sus opositores. La conmoción revolucionaria había provocado un cambio en aquella conciencia que, a su turno, reaccionaba contra la antigua sociedad.

En Madrid por aquel tiempo, 1819, la reacción triunfante asume la actitud de don Quijote, molido a palos y hablando de exterminar.

En vísperas de la guerra de España con Yanquilandia, ¿qué decían algunos de los más importantes periódicos de Madrid, diarios serios, rectores de opinión? Les parecía pesadilla irrealizable –y así lo preconizaban– que advenedizos mercachifles de Nueva York y sudados tocineros de Chicago pudiesen encorvar la cerviz del soberbio león ibero. Casi nadie echó cuentas; casi nadie titubeó. A Pi y Margall y a algún otro espíritu clarividente que aconsejaban un poco de liberalismo con la isla de Cuba, alzada en armas por sus libertades y motivo de la guerra, se les desoyó y se les despreció.

---

10 *Documentos para la historia de la vida pública del Libertador*, Vol. VII, edición oficial. Caracas, 1876, pág. 137.
11 *Documentos...*, Vol. VII, págs. 137-138.

En cuanto a los yanquis, nadie pensó en su riqueza, ni en su Marina, ni en sus tropas, ni en sus recursos múltiples de defensa y ataque. El oro solo no obtendría victorias. Los barcos debían ser de madera; las tropas ni la raza sentirían el sentimiento patriótico: ¿no es un pueblo de aluvión, retorta de razas diversas, producto de pueblos múltiples?

Con ideas tan arrogantes como erróneas, España, ciega de cólera y de orgullo, se lanzó a la guerra. ¿Fracasar? ¡Cómo sería posible! El viejo y bravo león de España, ¿no era un bravo y viejo amigo de la tragedia? ¿No había visto y desafiado las naves de Fenicia, los caballos númidas de Cartago, las águilas de Roma? ¿No movió zarpas y dientes contra los invasores de todo tiempo y toda raza? Contra visigodos de Suecia, vándalos del Báltico, suevos del centro de Germania, alanos de la Escitia, claros árabes del Asia y tostados berberiscos del África? Por último, ¿no rechazó triunfante al corso sojuzgador de media Europa?

La ignorancia de las condiciones propias y de las condiciones del adversario sorprende. El orgullo impidió enterarse. No faltaron clérigos o clericales que apabullasen a los yanquis, tildándolos de herejes. ¿Iba a imponerse y a triunfar la herejía contra las milicias de Cristo? Al fin de las cuentas pudieron recordar los milicianos del Sagrado Corazón aquellos antiguos versitos populares:

Vinieron los sarracenos
y nos molieron a palos;
que Dios protege a los malos
cuando son más que los buenos.

No los recordaron antes de la molienda, sino después, porque otra de las deficiencias del carácter español consiste precisamente en la incapacidad que lo aqueja para ver la verdad, máxime si la verdad lo ofende, lo mismo que para sacar lecciones provechosas de la experiencia de los demás y de la propia experiencia.

Un pensador hispano de altura y autoridad expone: España entró en la guerra con los Estados Unidos «por un desconocimiento de las circunstancias sin precedente en la Historia».[12]

El desconocimiento del adversario era completo. El desconocimiento propio no era menor. El orgullo, esa venda impenetrable, impedía ver. El mismo pensador analiza el estado psicológico del país en vísperas de la guerra. Sus palabras tienen la triple autoridad del hombre observador, del hombre verídico y del hombre patriota.

> Todavía en las postrimerías del siglo XIX —dice— brillaba esplendorosa en la cima de nuestra conciencia la representación de aquel glorioso pasado, llenándonos de fatua presunción; todavía seguíamos creyendo que nuestro Ejército era invencible; nuestros gobiernos, previsores; nuestra magistratura, incorruptible; portento de saber nuestro profesorado; modelo de mansedumbre y caridad nuestro clero. España seguía siendo para nosotros la primera de las naciones; su suelo, el más rico; sus habitantes, los mejor dotados. Por cierto teníamos aún el dicho de que cuando el león español sacudía la melena, la tierra se echaba a temblar.[13]

Era la gota serena del orgullo que impedía ver claro. Heroica y lamentable ceguera.

Fue la de España, también en aquella ocasión, la actitud de don Quijote: «¿Leoncitos a mí?». Pero su quijotismo, aunque tenía por fundamento, como el de la novela, el desconocimiento o el desprecio de la realidad —además del orgullo y sobrestimación de sí—, era de otra naturaleza que el quijotismo del héroe de Cervantes.

El héroe de Cervantes lucha por el bien de los demás; su locura, como la de Cristo, consiste en darse en holocausto, en redimir. Don Quijote es un libertador. E hizo bien el don Quijote en carne y hueso —Bolívar— cuando, en el lecho de muerte, comentó su trágico destino de redentor inmolado diciendo: «Jesucristo, don Quijote y yo hemos sido tres grandes majaderos».

---

12   M de Sales y Ferré, op. cit., pág. 12.
13   M de Sales y Ferré, op. cit., pág. 12.

Majaderos dijo para no decir redentores.[14] El quijotismo de España en 1898 fue muy otro: luchó por esclavizar a una isla remota que merecía la libertad a que aspiraba; luchó por encadenar. Y cuando se tropezó con los Estados Unidos, cuya codicia asumía, con suma discreción, un papel de abnegado paladín de la justicia, España no supo, por exceso de orgullo, entenderse directa, generosa y hábilmente con Cuba. Fue a la guerra con los yanquis sin saber a lo que iba. Y la lucha hispano-yanqui se convirtió en rebatiña de apetitos coloniales.

España no supo salir de América.

Su último yerro, antipolítico hasta un grado inimaginable y obra de su orgullo metropolitano arrastrado por los suelos, fue el de querer negociar a Cuba, en el Tratado de París, como una mercancía y oír la respuesta negativa del yanqui, más dura que un bofetón: no se le reconocían a España derechos sobre Cuba; no podía cederla ni enajenarla, ni negociarla en ninguna forma. Cuba era un pueblo libre que había conquistado con las armas en la mano su soberanía.

Capítulos III y IV de *El conquistador español del siglo XVI*, en *Obras selectas*, Madrid-Caracas, Edime, 1958, págs. 116-130.

---

14   Sobre esta frase ha bordado Unamuno su magnífico ensayo *Don Quijote Bolívar*. Michelet habló de un «Quijote de la libertad», lo que es redundante. Más penetración alcanzó Unamuno llamando simplemente al héroe de la libertad, al Libertador, Don Quijote Bolívar.

La independencia

I. Carácter de la Revolución

España, a fuero de conquistadora, ejerció la soberanía, de acuerdo con su carácter y educación nacionales, como mejor le parecía. Era lógico. Reprocharle su conducta, sobre ocioso es absurdo, y probar que se ignoran las leyes sociológicas.

Pero sería ignorancia de esas mismas leyes el condenar la revolución. Para fines del siglo XVIII ya estaba en sazón en América una raza de hombres, hijos de conquistadores y colonizadores europeos, que podían dirigir una corriente de opinión adversa a la madre patria; las circunstancias exteriores fueron propicias, y sobrevino la Revolución de independencia.

La Revolución se hará con máximos ideales; para establecer la nacionalidad, en vista de la inferioridad política de las provincias y de sus pobladores, y para mejorar, como era natural, el régimen económico.

En plena decadencia política, industrial y mercantil; entregada a un rey inepto como Carlos IV, a una mujer liviana como María Luisa y a un favorito de alcoba como Godoy, España, ciega y paralítica, no podía conducir a los que tenían ojos y piernas, a un pueblo situado a dos mil leguas de distancia, con población y territorio mayores que los de la metrópoli; animado en sus mejores hijos del espíritu revolucionario de 1789, y con fuentes de riqueza maravillosa que estaba mirando inútiles por la incuria e incapacidad de los dominadores. (No culpamos a la madre patria; primero, porque estas páginas no son un juicio, sino descarnada y sumaria exposición de fenómenos sociales; luego, porque recordamos el ejemplo de Inglaterra, que en condiciones menos desventajosas perdió sus colonias de Norteamérica.) No olvidemos que «el móvil de la fundación de los sistemas políticos ha sido un móvil económico», y que «siempre se ha tratado por cierto número de hombres de llegar a un grado superior de bienestar material».[15] Pero recordemos también que el anhelo de nuestros padres no se limitaba a una mejora económica exclusivamente. Era mayor su plan. Luchaban por instituir la nacionalidad, pensamiento al cual estaba subordinado el de beneficios materiales; o con más propiedad, toda aspiración o móvil subalterno

---

15 Gumplowicz, *Compendio de sociología*, edición española, pág. 243.

quedaba comprendido en el anhelo de adquirir patria. Sus ideas económicas fueron claras. Ellos rompieron desde el principio con el sistema de exclusivismos y monopolios de la madre patria, ofrecieron el país al comercio del mundo y decretaron libertad de industrias. Algunos de los prohombres de la revolución, como don Mariano Moreno, tenían a este respecto ideas muy sensatas, en oposición con las imperantes.[16]

La Revolución que se inició simultáneamente, como se ha visto en casi todas las provincias, fue de carácter oligárquico y municipal. El pueblo no tuvo nada que hacer con ella al principio. De ignorancia crasa y fanatismo abyecto, como convenía a la política del conquistador, no podía el pueblo ser movido por ideas que no cabían en su cabeza ni por sentimientos que ignoraba. Fue una minoría, la clase superior, la que tuvo aspiraciones.

¿Y de qué medios se valió para conspirar e imponerse? De los que disponía. Una sombra de poder, el poder municipal, algunos batallones comandados por criollos.

España heredó de Roma la institución municipal, y la transmitió a su vez a sus hijos americanos. En Roma sirvió el municipio en ocasiones para conservar la ciudad libre dentro de la nación esclava. En España fueron los municipios hogar de la libertad, hasta defenderse con las armas en la mano contra el poder central y caer vencidos por el despotismo de los reyes austríacos. En América representaron, en cierto modo, la autonomía regional durante la colonia. Era el único cuerpo del Estado adonde se daba acceso a los hijos de América, no de modo absoluto para ser dirigido o compuesto solo de americanos, sino proporcionalmente a un número de españoles siempre mayor. Y fue esa minoría de los cabildos capitalinos la que arrastró a la mayoría peninsular o la engañó; la que, fingiendo con gran astucia política conservar los derechos de Fernando VII, preso por Napoleón, se instituyó en juntas y empezó a gobernar, no la ciudad sino el país, y a preparar el espíritu público, la declaratoria de independencia y la defensa armada.

---

16 La representación de los labradores de Buenos Aires, años antes de la Revolución (1793), dice: «Se cree evitar la escasez con estancar los granos. Rara contradicción. Como si el impedir la salida, que es lo que anima a la siembra y aumenta los productos, no fuera secar los manantiales de los frutos y caminar directamente hacia la esterilidad y la pobreza». Se advierte un concepto mucho más claro de la economía política que el privativo en los dirigentes españoles.

Se ha creído sorprender en el sistema municipal de Hispanoamérica el origen de nuestro *self-government*, lo que, en principio, puede ser admitido; y gérmenes de la república federal que muchos de aquellos pueblos, a imitación de los Estados Unidos, instituyeron después. Se hace observar que los cabildos de las capitales se dirigieron a los cabildos departamentales de quien a quien, invitándolos a una acción común.

La Revolución fue municipal, porque fue en los cabildos donde estaban los revolucionarios. Las capitales de provincia, por otra parte, centralizaron el gobierno, asumiendo, como más ilustradas y de mayores elementos, la dirección de cada país, de acuerdo, por de contado, con los medios de que disponían.

España empezó a defenderse. Sobrevino la guerra. Al día siguiente de romper abiertamente con la madre patria, aun en plena guerra, sin ponerse de acuerdo, cada una de las provincias, por su cuenta, empezó a legislar en sentido liberal. Todas casi a un tiempo decretaron: abolición de la esclavitud, libertad de industrias, libertad de comercio, libertad de imprenta, supresión de títulos nobiliarios, cese del Tribunal de la Inquisición, desafuero del clero y de los militares, reglamentación de las comunidades religiosas, sometimiento de las potestades eclesiásticas, terminación del tributo de los indios, fin de impuestos onerosos, apertura del territorio al mundo, invitación a extranjeros laboriosos, cualesquiera que fueran su patria, su raza, su religión, sus ideas.

II. Proceso de las ideas liberales

La guerra fue larga y cruenta. Fue al propio tiempo guerra civil y guerra internacional. Internacional, porque América se declaró independiente, y contra este pueblo independiente, que tenía bandera distinta, envió España sus escuadras y sus ejércitos. Luchaba España contra América. Fue guerra civil, porque las opiniones se dividieron en las colonias, y grupos conservadores permanecieron adictos al rey, sobre que gran porción de masas populares se alistó bajo las banderas de Fernando VII contra las banderas de la Revolución.

Lo verídico es que el pueblo, las masas, el grueso de las colonias, de una barbarie secular, sin ideas claras, no digo ya de República y de Monarquía, pero ni siquiera de patria y libertad[17] se modelaba según la mano que le caía encima; y servía en los ejércitos patriotas, contra el rey, cuando lo reclutaban jefes republicanos, y contra los de la patria, en los ejércitos realistas, cuando lo reclutaban jefes peninsulares. La propaganda revolucionaria de civiles y militares patriotas era constante. La infiltración de las ideas fue lenta, y se realizó por los periódicos, por las proclamas ardientes, por el contacto con los ejércitos patriotas, a vista de la bandera y otros signos exteriores, y, sobre todo, con el orgullo de las victorias y sus secuencias naturales.

En Buenos Aires, logias masónicas hacían la propaganda revolucionaria. En Lima, la prensa de los virreyes, aunque atacando a la revolución, la servía indirectamente. En las masas populares de Costa Firme y el Nuevo Reino de Granada no fue extraña a la propagación de las ideas separatistas y al esclarecimiento de lo que significaban patria y libertad la combatida proclama de guerra a muerte, expedida en 1813: «¡Españoles y canarios, contad con la muerte! ¡Americanos, contad con la vida!». Estas palabras tremendas del Libertador arrancaron al pueblo de su apatía y le abrieron los ojos, enseñándole que ser español era una cosa, y una cosa de peligro, puesto que podía costar la vida, y que ser americano era cosa diferente.[18]

---

17 Uno de los voceros de la Monarquía J. D. Díaz, predicaba contra la Revolución el 4 de julio de 1814 en estos términos: «¿Qué privilegios tienen (los jefes de la Revolución) sobre vosotros para conduciros a las batallas a sufrir una muerte deshonrosa bajo el ridículo pretexto de su insignificante voz patria?». J. D. Díaz, *Recuerdos sobre la rebelión*, Madrid, 1829, pág. 173.
«Bolívar –dice él mismo– no ha venido a daros libertad... ¿Libertad se llama por ventura arrancaros de vuestras ocupaciones y del centro de vuestras familias?...» (pág. 99).

18 «Esta proclama –dice un escritor belga, biógrafo de Bolívar– tendía a tres objetos: primero, responder con represalias a los actos de la más abominable crueldad; segundo, decidir los americanos que sirvieran a los españoles a abrazar la causa de la República; tercero, ahondar el abismo que separaba americanos de españoles, a fin de que todos los hijos de América se interesaran en la lucha y que no hubiera más indiferentes...» (Véase S. De Schryver, *Vie de Bolívar*).
Una de las características de Bolívar es que todos sus actos y todas sus palabras revisten un sello caballeresco. Cuando proclamó la guerra a muerte en Trujillo, el 15 de junio de 1813, exasperado por lo que había ocurrido en Quito, lo que estaba ocurriendo en Caracas bajo Monteverde y por crueldades de enemigos como Boves, era un joven casi desconocido en los campamentos que con quinientos hombres, en un pueblecito de los

Por fin, la idea de emancipación llega al corazón del pueblo, cambiándose allí en uno de aquellos sentimientos que mueven muchedumbres. Es muy interesante seguir el proceso de la idea separatista y de la noción de patria. Al principio, de 1810 a 1814, las ideas de emancipación no mueven sino a una minoría que emprende la Revolución. Cunden poco a poco entre las clases bajas de las ciudades, y no llegan sino muy tarde a la clase ignorante y fanática, de campesinos y lugareños. Cuando en 1816 se da libertad a los esclavos negros y se les llama a servir en el Ejército como ciudadanos, prefieren seguir a los españoles, que los venden en las colonias extranjeras.[19]

Los indios casi fueron ajenos a la lucha, o sirvieron indistintamente, sin noción de las cosas debatidas, a los españoles y a los americanos. «Los pueblos no quieren ser libertados», escribía Bolívar en 1816. Y en Venezuela, todavía para entonces, el vulgo apellidaba por sorna al gobierno independiente el Gobierno de la patria, según refiere el oidor Heredia en sus *Memorias* (pág. 106). Esto duró, más o menos, hasta las victorias americanas de Maipú y Boyacá, que fijaron la suerte de la Revolución en la América del Sur.

Andes, desafiaba el imperio colonial de España, «como si tuviera detrás de sí —observa el contralmirante Reveillère— quinientos mil combatientes».

En cambio, cuando la fortuna le sonrió y fue el más poderoso, perdonó a sus enemigos y los llamó hermanos. En 1816 abolió, por su parte, la guerra a muerte que practicaban los contrarios. Más adelante propuso y firmó el tratado de regularización de la guerra. Y cuando la guerra iba a recomenzar, después del armisticio de 1820, Bolívar proclama en estos términos: «¡Soldados!... Colombia espera de vosotros el complemento de su emancipación; pero aun espera más, y se os exige imperiosamente que, en medio de vuestras victorias, seáis religiosos en llenar los deberes de nuestra santa guerra... Os hablo, soldados, de la humanidad, de la compasión que sentiréis por vuestros más encarnizados enemigos. Ya me parece que leo en vuestros rostros la alegría que inspira la libertad y la tristeza que causa una victoria contra hermanos.

¡Soldados! Interponed vuestros pechos entre los vencidos y vuestras armas victoriosas, y mostraos tan grandes en generosidad como en valor... Esta guerra no será a muerte, ni aun regular siquiera: será una guerra santa; se luchará por desarmar al adversario, no por destruirlo. Competiremos todos por alcanzar la corona de una gloria benéfica... Todos nuestros invasores, cuando quieran, serán colombianos. Sufrirá pena capital el que infringiere cualquiera de los artículos de la regularización de la guerra. Aun cuando nuestros enemigos los quebranten, nosotros debemos cumplirlos para que la gloria de Colombia no se mancille con sangre» (Proclamas del Libertador).

19 *Memorias de O'Leary*, Vol. XXIX, pág. 97. (Véase la edición de Linkgua.)

Para 1820 ya el espíritu revolucionario había penetrado y movido el alma de las muchedumbres. Era tiempo. Los americanos que servían al rey empiezan a abandonarlo. El terrible guerrillero Reyes Vargas corre a engrosar las filas de sus compatriotas los independientes, que durante diez años ha combatido con bravura. Las razones de su nueva actitud son preciosas para comprender el proceso de las ideas liberales.[20] El lenguaje mismo es de todo punto el de la Revolución americana: «Armas libertadoras, títulos imprescriptibles del pueblo, derechos de América». Otros guerrilleros que también fraternizan con los insurgentes, y se cambian de adversarios en colaboradores, usan el mismo lenguaje. Y para esa fecha el batallón Numancia, compuesto de venezolanos, se afilia en el Perú bajo la bandera independiente. El mismo general La Mar, después presidente del Perú, abandonó de igual modo a los españoles y se incorporó a los revolucionarios, que había combatido.

El éxito definitivo de la Revolución es ya cuestión de tiempo. El espíritu de la Revolución ha triunfado en América, y no solo ha triunfado en América, sino que, atravesando los mares, ha repercutido con un eco simpático en el propio corazón de España. La revolución de Quiroga y Riego en 1820 fue, en mucha parte, obra de la influencia revolucionaria de América, como puede advertirse hasta por el lenguaje que emplean en sus documentos, eco o imitación del lenguaje bolivariano.

Algunos pensadores de Francia han observado el fenómeno de la infiltración de nuestras ideas en aquellos mismos encargados de combatirlas.[21]

Capítulos I y II, primera parte, *La evolución política y social de Hispanoamérica*, *Obras selectas*, págs. 319-325.

---

20 «Cuando yo –dice–, enajenado de la razón, pensé como mis mayores que el Rey es el señor legítimo de la nación, expuse en su defensa mi vida con placer...» «He logrado convencerme que tanto el pueblo español como el americano tienen derecho para establecer un gobierno según su conciencia y propia felicidad...» «Nací colombiano...» (véase Blanco & Azpúrua: *Documentos para la historia del Libertador*, Vol. VI).

21 «En España –dice Emilie Ollivier– la influencia de Bolívar fue más violenta. La miseria, la cólera, inspiradas por el gobierno inquisitorial, perseguidor, cruel, inepto, de Fernando VII provocaron una rebelión militar (1820)» (L'Empire libéral, Vol. I, págs. 132-133).

La idea de España en América

El excelente poeta y mal político don Leopoldo Lugones dirige a don Nicolás Urgoiti una carta que tiene el mérito de la sinceridad. En ella se declara nuestro poeta por Yanquilandia contra España y, naturalmente, contra América.

No sé cómo ni por qué esa carta ha podido causar extrañeza en Madrid... O mejor, sí sé.

Extraña, por el desconocimiento que existe aquí, en la mayoría, de la opinión americana con respecto a Europa en general, a España en particular y a los Estados Unidos. No parece adecuado al esclarecimiento de estas cuestiones la táctica de la censura dictatorial que nos amordaza: el impedir que en España se divulgue lo que pueda herir el orgullo, más alto que Osa y que Pelión, de los Estados Unidos. Hasta se da un caso curiosísimo: cosas que se publican en los Estados Unidos, contra los Estados Unidos, no podemos, bajo la dictadura de Primo de Rivera, más papista que el Papa, reproducirlas ni comentarlas en España.

¿Interesa en España conocer lo que se piensa en América de los Estados Unidos y de España misma? Es decir, ¿tiene España una política internacional americana? ¿Le conviene tenerla? pues si le conviene tenerla o ya la tiene debe poner oído a la opinión; y para poner oído a la opinión le conviene dejarla manifestarse, en semejantes cuestiones, con absoluta libertad.

• • •

En América hubo siempre en cada república, desde los días de la Independencia, grupos más o menos conexos y vigorosos de gente afecta a España, guardadores de sus tradiciones, ensalzadores de sus ideales. Hubo grupos que le fueron adversos y buscaron norte en otras culturas y renovación para sus ideas en otras ideologías.

Los partidarios de España en América, fueron hasta el presente los amigos de la fuerza, los tradicionalistas, los católicos, los académicos. En una palabra: los conservadores. Los admiradores de los Estados Unidos, los liberales.

Pero ahora resulta este fenómeno: los conservadores se inclinan hacia Yanquilandia, convertida de república libérrima en nación imperialista, en imperio esclavócrata. Los partidarios de España, en América, van siendo los hombres de espíritu abierto y liberal.

¿Por qué? No porque los hombres de espíritu liberal en América se hayan vuelto lechuzas de El Escorial; sino porque han descubierto una España civil, una España democrática, una España científica, una España de intelectualidad moza, una España evolucionada, una España socialista, una España sin grandes ejércitos, sin grandes escuadras. En suma, una España a la cual podemos no temer... ni material, ni ideológicamente.

El golpe de Estado de 1923, la subsiguiente dictadura, la creciente influencia del clero, las restricciones a la libertad de enseñanza y el predominio de la Corona sobre las formas legales de una democracia, han producido enorme desilusión. La desilusión se acentúa cuando se advierte que España —la España dominante—, a semejanza de los Borbones, no aprende nada ni con el tiempo ni con el infortunio. Persiste en ser un Estado retardatario, opuesto a todo lo que implique libertad y represente porvenir.

Antes del retroceso de 1923 los espíritus generosos principiaban a creer de veras en la democracia española.

Entretanto, los amigos de la cachiporra, los que están al Sol que más calienta, los conservadores, tornaban y siguen tornando los ojos a pueblos más fuertes, más prestigiosos, más ricos, y si no más brutos, más brutales. Han encontrado la concreción de su ideal en los Estados Unidos.

¿Se extrañará ahora que Lugones sea partidario de los yanquis y abominador de España? También es partidario de la espada asesina para dirigir las sociedades y apologista esforzado de la dictadura. Con su antigua costumbre de poner su retórica rimbombante al servicio de las ideas ajenas —porque en su cerebro no ha nacido jamás una idea propia—, Lugones acaba de proclamar en Lima, las ideas de don Laureano Vallenilla Lanz, campeón del gomezalato, propugnador en Caracas del «Gendarme necesario» y de la política del mandador.

Y en su carta al señor Urgoiti no dijo apenas el señor Lugones lo que piensa de España. En Lima fue más explícito.

«A mí me parece también excelente —afirmó— la vinculación con España; mas no le veo realización política esperable, por cuanto aquella nación no es potencia autónoma...»

33

...

Los implantadores de la censura sacan buena, desgraciadamente, la opinión de Lugones respecto a mediatización de España. Una prensa en que no se puede hablar del fascismo, porque se queja la Embajada de Italia, ni de religión, porque se queja el Nuncio, ni de imperialismo yanqui, porque se queja el embajador de los Estados Unidos, ni siquiera de tiranuelos americanos, porque se queja la Legación de Venezuela, ¿no parece una prensa mediatizada?, ¿no parece la prensa de un país intervenido, sin propia autonomía?

¿Se pensaba en España que todos éramos ibericanizantes, panhispanistas, partidarios de una estrecha amistad con la nación española? Tal vez. Por eso no se toman en cuenta las aisladas voces que profieren respecto a España palabras de amor, dentro de la verdad, y hablan este lenguaje nuevo en América o para América. Nuevo en absoluto. Porque aun los antiguos amigos de España en nuestro mundo de Ultramar lo eran —y tenían razón— estelar, platónicamente... no para vinculaciones de carácter político. España fue una amenaza para América mientras en América poseyó colonias. Aquello, por fortuna, pasó.

Pero si hay quienes sueñan con un acercamiento político a España y aun con oponer Madrid a Washington, hasta donde sea posible, que Madrid se conserve de pies. Que no pueda repetirse, como dice Lugones, que «España no es una potencia autónoma». Que se nos permita en la prensa libre discusión de candentes cuestiones. Que se pueda opinar sobre cualquier potencia, por fuerte y rica que sea, con absoluta libertad. De lo contrario, tendremos que rendirnos a la evidencia y renunciar a quimeras.[22]

---

22 La censura contestó con su hecho brutal: se negó a la publicación de este artículo. Véase la carta del director de *La Voz*. [El contenido de la misma se encuentra ubicado al pie de la página siguiente. N. del E.]

El director de LA VOZ.
Mi querido amigo: señor don Rufino Blanco-Fombona
Tengo el sentimiento de devolverle su último artículo, porque la censura lo ha tachado completamente, como ya suponía.

Capítulo del libro *Motivos y letras de España*, Madrid-Buenos Aires, Compañía Iberoamericana de Publicaciones / Editorial Renacimiento, 1930, págs. 301-306.

Le ruego con todo encarecimiento que no se obstine más contra lo inevitable y que no me envíe cosas en las que directa o indirectamente se aluda a los Estados Unidos, pues es lamentable que con tanta frecuencia pierda usted su trabajo y yo mi composición.
Sabe que le quiere su buen amigo, q.e.s.m., E. Fajardo.
5 de mayo, 1925.

35

La americanización del mundo[23]

A los periodistas de España
y de la América Latina dedico este folleto.
R. B. F.
Ámsterdam, 1902.

Circula desde hace poco un libro de mucho interés para los aficionados a estudios de política. El título de la obra es *La americanización del mundo*.[24] Este libro merece leerse y meditarse por los periodistas, publicistas y hombres de Estado, por todos cuantos influyan en la opinión pública, así en Rusia como en Alemania y los pueblos latinos.

Su autor es el señor W. T. Stead, inglés, hombre de ingenio y cierta sans-façon espiritual, utopista en apariencia, utopista a la inglesa, que arriba al remoto país de Utopía no volando en alas de quimeras, sino por el camino llano y seguro de la estadística. De esta obra se desprende una grande enseñanza, a saber: primero, en general, que los pueblos de la misma raza y lengua tienden en el día a la unión; segundo, y en particular, que Inglaterra hace y hará cuanto pueda por merecer las buenas gracias de los Estados Unidos, hasta llegar a una alianza.

El autor llama esa futura alianza: «el imperio del mundo por los pueblos angloparlantes». Veamos de qué mañas se vale el señor Stead para sembrar en su pueblo y en el de los Estados Unidos la idea de la alianza.

Sus métodos son dos. Consiste el primero en lisonjear la vanidad de los EE.UU. hasta el colmo, hasta exponer que «siendo ya imposible la reunión de los pueblos ingleses bajo la *Unión Jack, por nuestra propia culpa* ¿por qué no buscaríamos la reunión bajo las estrellas y las listas?». Es decir, bajo

---

23   *The Americanisation of the World*, or the Trend Twentieth Century. By W. T. Stead. Published at *The Revues of Revues office*, Mawbray house, Norfolk street, Londres, W.C. 1902.
W. T. Stead. *L'américanisation du monde*. París. Félix Juven, éditeur. 122 rue Reamier. Ambas ediciones se han tenido a la vista para escribir este folleto. En la edición francesa hay muchas reducciones y mutilaciones del texto.
24   La idea de la «americanización» del mundo no es original del señor Stead, sino del bueno de Pécuchet. Pécuchet, que hacia el fin de su vida miraba «l'avenir de l'Humanité en noir», previó el día en que «l'Amérique aura conquis la terre».

el pabellón de rayas y constelaciones de los Estados Unidos. El otro método consiste en herir el orgullo tradicional de la Gran Bretaña, con el ejemplo de los yanquis, en turbar a John Bull su laboriosa digestión del Transvaal con presagios tristes, hasta el punto de augurarle, si permanece en su *splendid isolement*, su no lejana reducción a la categoría de una pequeña Bélgica. Para que se tenga idea de esta propaganda, que es mi principal objeto, y también para refutar un poco al señor Stead, diré cómo está dividida la obra; y de toda ella deduciré algo que veo como sola salud de los pueblos españoles de ambos hemisferios. Así como el anatómico acuesta el cuerpo sobre el mármol de la plancha para diseccionarlo y estudiarlo, así expondré yo sobre estas páginas el cuerpo del libro, para enseñar sus órganos y el fin o la función de cada uno de esos órganos.

La obra se divide así:

Primera parte: Los Estados Unidos y el Imperio Británico.
Segunda parte: El resto del mundo.
Tercera parte: Cómo América americaniza.
Cuarta parte: Resumen.

I

El señor Stead comienza la primera parte de su obra con el recuento de lo que ha hecho sobre la tierra la raza inglesa. Este recuento es un himno, a la manera un poco de los himnos de Castelar a la raza latina. A vuelta de algunas cifras en que el señor Stead expone que los países de raza inglesa tienen más población, blanca y de color, más millas cuadradas de territorio, más ferrocarriles, más marina, y más oro que ninguna otra raza, empieza el aleluya del señor Stead. Después de la canción de los números, la canción lírica. «Nosotros tenemos más escuelas en nuestras millas cuadradas, más colegios en nuestros condados, más universidades en nuestros estados que todos los otros pueblos. Nosotros imprimimos más libros, más periódicos y poseemos más bibliotecas que ellos. Nuestras iglesias son más numerosas, etc. (¡qué honor para la familia!). En nuestros pueblos la mortalidad disminuye mientras que los nacimientos aumentan, y nuestras estadísticas criminales descienden consoladoramente.»

Como el autor no se olvida de nada se acuerda hasta del whisky, y en alarde espiritual, y acaso espirituoso, agrega: «Si se nos compara con otras razas, nosotros somos los más borrachos del mundo; y los mayores fariseos». El orgullo de la raza inglesa tiene sin disputa fundamento. Los pueblos de raza inglesa han culminado en esta modalidad actual de civilización, que le ha sido propicia a su carácter cartaginés, como ayer culminó España, cuando el imperio del mundo era de los audaces por el valor, como culminaron un día Grecia e Italia por el esfuerzo intelectual, cuando la palma de victoria correspondía a las más límpidas y nobles manifestaciones del pensamiento. Pero esta modalidad actual de civilización industrial y comercial, ¿será eterna? ¿Conservarán *per secula seculorum* los pueblos de raza inglesa el ápice a que han alcanzado? ¿Escaparán a aquella ley por la cual las sociedades nacen, crecen, desarróllanse, culminan, declinan y mueren?

«Nosotros imprimimos más libros, más periódicos y poseemos más bibliotecas» ...dice el señor Stead. Aquí de Remy de Gourmont para recordar al autor que, en ciertos casos, «la estadística es el arte de despojar a las cifras de toda la realidad que contienen».[25] En efecto, ¿cree el señor Stead que los Estados Unidos e Inglaterra juntos, con sus millones de magazines, diarios, libros, colegios y universidades, ejercen hoy en el mundo una influencia espiritual semejante a la que ejercen Francia o Alemania? Cuanto a las iglesias de que tan envanecido se muestra el señor Stead, baste recordar aquella nota de Schopenhauer: «No hay iglesia que tema tanto la luz como la inglesa, precisamente porque ninguna tiene en juego intereses pecuniarios tan grandes como aquella, cuyos ingresos ascienden a cinco millones de libras esterlinas, ingresos mayores que los de todo el clero cristiano de ambos hemisferios». Los ingleses tienen razón de pagar caro su iglesia. Schopenhauer olvidaba que la Iglesia ha sido en Inglaterra el mejor aliado de la conquista. Inglaterra manda sus inmundos y libidinosos pastores a que evangelicen, violando mujeres, extorsionando pueblos, incendiando cabañas, hasta provocar el odio talionario de los «salvajes» a quien se quiere «evangelizar». El odio lincha, a la postre, una o dos parejas de estos fascinerosos; y entonces Inglaterra manda sus cañones, sus acorazados, sus perros

---

25   Remy de Gourmont, *La culture des Idées.*

de presa, fusila a todo el mundo y se apropia la tierra que no ha querido «evangelizarse». Inglaterra hace bien, repito, en pagar muy caro a sus curas.

El señor Stead continúa quemando el orobias de su admiración ante los Estados Unidos, y plantea el problema, no ya de una alianza, pero de unión íntima de Inglaterra con el pueblo norteamericano. «Se preguntará –dice– si son las instituciones republicanas las que deban desaparecer o modificarse ante la idea monárquica, o si es la monarquía quien se dejará moldear por el pensamiento democrático.» Y el señor Stead concluye en sentido liberal: «Que el poder haya pasado de Westminster a Washington, la querella es fútil si se quiere pensar en la cuestión más alta, que es la de asegurarnos la dominación del mundo».

Pero todo esto es música celestial. El señor Stead, simpático, hábil y aun taimado escritor, en todo piensa, menos en sacrificar a Inglaterra para gloria y provecho de los Estados Unidos. De toda la obra se desprende precisamente lo contrario; y de esta primera parte se desprende, entre líneas, para el que sepa leer, que el señor Stead teme, por Inglaterra, una guerra de este país con los Estados Unidos, a propósito del Canadá y las Antillas inglesas, ya que el apetito yanqui se ha despertado con el aperitivo de Puerto Rico y el *hors d'oeuvre* de Cuba.

II

Así como en la «Primera parte» el autor hace hincapié sobre la influencia de los Estados Unidos en Irlanda, Canadá, Terranova, la Colonia del Cabo, y otras porciones o posesiones británicas, en apariencia para encomiar el poder expansivo del pueblo yanqui, y en realidad para abrir los ojos de Inglaterra, así en la «Segunda parte» de la obra el señor Stead trata de la influencia actual y futura del Uncle Sam en Asia, Hispanoamérica, y Europa, con segundas y torcidas intenciones, por supuesto.

Del señor Stead podría opinarse como un admirable e irónico poeta, Campoamor, opinaba de un irónico y admirable crítico, Valera: «el autor, sin duda por la excesiva bondad de su carácter, siempre que levanta una razón es con vistas a la razón contraria».

Véanse cuáles son, en este caso, las segundas intenciones del autor.

Respecto de Europa, el señor Stead, que a fuero de genuino y buen inglés odia a Alemania, insinúa, no sin habilidad, cómo el peor enemigo de los Estados Unidos, el enemigo mortal de la futura yanquización del mundo, es el Káiser Guillermo. «El centro de la resistencia a los principios americanos, asegura paladinamente, está en Berlín.» Cuanto a Italia y a Francia, el señor Stead rememora opiniones y frases de un antiguo ministro italiano de Relaciones Exteriores y del publicista francés Leroy-Beaulieu, ambos desamorados de los Estados Unidos. El señor Stead quisiera, además, que los EE.UU. Metiesen baza en Turquía, bajo cualquier pretexto; quiere oír en Washington el grito de: ¡A los Dardanelos! ¡A los Dardanelos! ¿Y por qué no? ¿Qué hace Dewey? ¿Qué hace Sampson? ¿Qué hacen los invencibles acorazados que, en dos batallas, barrieron de sobre el mar el pabellón de España? Respecto del Asia, al preconizar su yanquizamiento, es a Rusia a quien visa el escritor inglés.

Así, resumiendo, el señor Stead, quisiera contrarrestar la influencia rusa en Asia con la de los Estados Unidos; siembra, como puede, la cizaña entre este país y los pueblos latinos de Europa; anhela complicar el conflicto turco con la inmiscuencia de los Estados Unidos, para beneficio de Inglaterra y daño de otras potencias; y pavimenta la vía de una probable desavenencia entre el pueblo de Washington y el de Federico el Grande.

Todo esto, así, desenmascarado, brutalmente, no parece importante; lo es, sin embargo, y de mucha trascendencia, en la pluma diplomática del señor Stead; con sus opiniones de trampa y sus pinturas de señuelo.

Queda Hispanoamérica. El señor Stead manifiesta que, si bien parece una paradoja, es una gran verdad el que existen pocos rincones del mundo menos americanizados que la América del Sur. El semblante de paradoja no existe aquí, siempre que se dé a los términos su genuino significado, y no se tome, como no debe tomarse, la parte por el todo, a los Estados Unidos por América. La opinión del autor quedaría formulada así: «hay pocas partes del mundo menos yanquis, o yanquizadas, que la América del Sur», lo que no es una paradoja, sino una verdad monda y lironda. Advierte el señor Stead que el comercio hispanoamericano tiende a otros pueblos que no al de los Estados Unidos; «que éstos hacen menos negocios con la América del Sur que con los 5.000.000 de canadienses de la frontera septentrional». No se duela mucho tiempo de tal. Con la apertura del canal dominarán comercialmente los EE.UU. los pueblos que baña el Pacífico, no solo en América, sino aun en Asia; y la influencia política de ese país se acrecerá sin límites en los pueblos adyacentes del canal. Echa el señor Stead su cuarto a espadas, como es de ley, respecto de la Doctrina de Monroe, con admirable casuística, y se lamenta de que el gobierno de los Estados Unidos imite en territorio de Hispanoamérica al perro del hortelano que, ni deja comer ni come. Prevé el autor futuras querellas de los Estados Unidos con Italia y Alemania, ya que «Alemania e Italia consideran el vasto continente a medio poblar de la América del Sur como la natural *Hinterland* donde se refugia el sobrante de su población».

La natural *Hinterland* sería más bien para ambos países la nación norteamericana, ya que los Estados Unidos cuentan más italianos y alemanes que todo Suramérica.

Por lo que respecta a Italia no manifestó nunca hasta ahora intenciones de señoreo en territorio de América.

Ella se contenta con enviarnos sus emigrantes que se adineran por allá, viven en la abundancia, casan luego y procrean americanos; ella se contenta con vendernos sus vinos, sus quesos, sus pastas; y por eso, y por ser un pueblo de raza latina la queremos nosotros. Cuanto a Alemania, parece que tiene pretensiones en el Brasil,[26] por la circunstancia de que 250.000 o 350.000 polacos, víctimas de Prusia, huyendo del sable teutón, de la patria en cruz, de la ignominia, de las vejaciones, del hambre, han corrido tras de los mares a buscarse en tierra de América, en el continente generoso de las repúblicas, pan, familia, reposo, la libertad y una patria, cuanto no tenían, cuanto les arrebató una pandilla de césares.

Pero de los patrioteros lirismos de la prensa alemana y de las indiscreciones del neurótico imperial, no se desprende que el Brasil caiga en el casco de Guillermo como una fruta podrida. El Brasil cuenta 16.000.000 de

---

26 Las pretensiones alemanas visan ahora a Venezuela, so pretexto de unas reclamaciones más o menos quiméricas. Alemania, humilde ante el Uncle Sam, acaba de pasar una nota a los EE.UU. dándole cuenta de su futura política respecto de Venezuela. Los EE.UU. respondieron que algunas de esas reclamaciones alemanas carecían de sólido fundamento; y que los planes de Alemania atentaban a la Doctrina de Monroe.

habitantes; no es un campo de azoradizos conejos donde el señor Guillermo Hohenzollern puede entregarse a cacería cuando le dé la gana.

Habría que contar, además, con la América Latina, que por instinto de salvación tiene, o debe tener, el de solidaridad; y con la América sajona cuya Doctrina de Monroe impide en el Nuevo Mundo la inmiscuencia de Europa. Esta Doctrina de Monroe nosotros la aceptamos en lo que ella tiene de bueno. Si los Estados Unidos nos ayudan, en caso de conflicto (para que el imperio de una potencia europea no rivalice en el continente con el de la nación norteamericana), bendita sea la Doctrina de Monroe, ya que el interés del pueblo que la proclama camina paralelo al nuestro; pero si la Doctrina de Monroe significa, a más, el protectorado de los Estados Unidos en América, nosotros rechazamos esa Doctrina. Apreciada así, como intenta la golosina de algunos yanquis, la Doctrina de Monroe sería un medicamento no menos peligroso que el mal que dice curar. Pero ¡cómo agria el gesto de las potencias filibusteras de Europa la Doctrina de Monroe! La verdad es que, sin la Doctrina de Monroe, Venezuela hubiera perdido la Guayana, e Inglaterra sería: primero, ribereña del Orinoco, y bien pronto su ama y señora. Hay un triunfo más fresco de la Doctrina de Monroe. Alemania, que no tuvo el valor de ir sola a vengar la muerte de su embajador en Pekín, está muy satisfecha del éxito que obtuvo la cuadrilla de pueblos criminales que ella comandó en China. Así, alentada por el antecedente, acaba de proponer a Francia, Inglaterra y los Estados Unidos, una expedición a Venezuela para poner orden en aquel desordenado país. Francia e Inglaterra aceptaron a toda prisa; pero los Estados Unidos, que se reservan la policía del continente, han negado su apoyo al proyecto, en nombre de la Doctrina Monroe. El apoyo negado de los EE.UU. es la oposición al proyecto alemán, que no se realizará por el momento, mientras los EE.UU. conserven las manos libres y el capricho de oponerse, ya que las grandes potencias de Europa, más o menos juntas o más o menos separadas, se mueren de miedo ante las complicaciones de una guerra con los EE.UU.

De donde se deduce que la política de Hispanoamérica, por el instante, debe ser ésta: valerse del monroísmo contra la voracidad y la insolencia europeas, y de la idea latina, que es necesario fomentar, contra los EE.UU.

Pero si en vez de abrir ojos continuamos en nuestros desórdenes cani-balescos, el dilema de nuestro porvenir es el siguiente: ser devorados por un león o por un centenar de ratas inmundas; la suerte de Puerto Rico o la de Polonia.

III

En la tercera parte de la obra trata el señor Stead de cómo América ame-ricaniza.

Cree el autor que los yanquis yanquizan:

por la religión;
por la literatura y el periodismo;
por la ciencia;
por el arte;
por el teatro;
por la sociedad;
por el sport;
por los ferrocarriles, navegación y trusts.

En mi concepto los yanquis no yanquizan ni de esa ni de ninguna suerte; y no se preocupan, o no se han preocupado hasta ahora, de que sus ideas, métodos, gustos e inclinaciones, imperen en el mundo. Son los pueblos extraños quienes se ocupan en ellos y quienes estudian por descubrir el secreto del éxito colosal de aquel país. Ellos se contentan con ser jóvenes, sanos, fuertes; y de ellos se desprende, por modo natural e impreconcebido: la juventud, la salud y la fuerza, como el encanto de una armoniosa estatua, y como el rumor, del mar.

La religión no es cosa exclusiva ni creación norteamericana. Como en todos los pueblos, muchos se valen allí de las ideas religiosas para domeñar a las masas, so color de moralizarlas. El religionismo, por otra parte, es lepra inglesa; y la melancólica hipocresía de la religión les viene a los yanquis de sus padres.

Por la literatura y el periodismo no creo que los yanquis hayan ejercido influencia hasta ahora en ninguna parte del mundo. El periódico yanqui, a pesar de su apariencia, colores, grabados, tamaño y cuanto halague al ojo, es el centón más ridículo que pueda imaginarse. Salvo en anuncios del extranjero, cualquier diario de Suramérica, de España o de Italia es muy superior. Aquellos retratos son de pulperos sin importancia, aquellas páginas de texto nutrido, son relatos de una cocinera que se divorcia, de un tranvía que se descarrila, o de un negro a quien linchan en Kentucky u Ohio. Lo que amerita dos columnas de prosa indigesta para el reporter de Nueva York, no pasa, en pluma de un *chroniqueur* parisiense, de cuatro líneas espirituales. El periódico en Europa y Suramérica es más literario y de más médula.

El diarismo en Norteamérica es, además de incoloro, anónimo. En los otros pueblos que cito las hojas llevan al pie de los artículos nombres ilustres: Angelo De Gubernatis o Matilde Serao; Rubén Darío o César Zumeta; Pablo Adam o Catulo Mendès; Joaquín Dicenta o Benito Pérez Galdós. En las noticias del extranjero superan, sí, los diarios de Chicago y de Nueva York a los periódicos de todo el mundo. El yanqui paga caro su noticia extranjera; porque aprecia la importancia de la información mundial. En Europa, por ejemplo, apenas se tienen otras noticias de Suramérica sino las que Nueva York y Washington publican y según su interés hacen circular. Así, los europeos, sin darse cuenta, y por ahorrar un cablegrama, sirven los intereses yanquis; muchas veces, cuando no siempre, contra los propios intereses europeos. En este sentido es como aceptaría la influencia de la prensa yanqui en el mundo; y si bien se examina, la influencia es del capital y de la política, no del periodismo.

Cuanto al arte, es ya un lugar común afirmar la absoluta incapacidad de los yanquis para cultivarlo y producirlo.

No se quejen. Las aptitudes se dividen en los pueblos como en los hombres. Fenicia y Cartago no rivalizan en la historia del arte con Atenas y Roma. Aun el mero apunte del señor Stead de la yanquización del mundo por el arte yanqui, aparece con visos de ironía.

La literatura, arte muy asociado a la propaganda; arte el que más se impone a la simpatía, a la admiración de los extraños; arte del que derivan algunos pueblos, como Francia, inmenso predominio moral y prestigio intelectual, ¿cuándo ha sido el mejor vehículo del pensamiento norteamericano? Si se exceptúa el alegato sentimental de Mrs. Beecher Stowe, destituido de mayor mérito literario, y algunos poemas de Whittier, ¿de qué asunto de interés humano y universal han formado los Estados Unidos obra de arte? Apenas dos nombres de poetas norteamericanos circulan entre los grandes nombres universales: Poe, a quien no cita el señor Stead, y Longfellow. Ninguno de los dos americaniza, o mejor dicho, newyorkiza. Longfellow, lector, traductor y aun reflector de poetas españoles y germanos, es, más que todo, un delicioso bardo inglés. En la Abadía de Westminster, si mal no recuerdo, existe el busto de Longfellow, entre mármoles y piedras tumulares de grandes hombres ingleses; y hasta corre en antologías inglesas como bardo británico.[27] Edgar Allan Poe nació en Baltimore como ha podido nacer en Estocolmo, a la ribera del Vístula, al pie de una colina de Moravia o en el condado de Kent. Cuanto a Byron, Lowell, y algún otro, apenas son leídos sino por gente inglesa; y no se puede afirmar que hayan «americanizado» ningún país. No creo que exista, hasta ahora, una literatura americana. Si existe ¿cuál es su tendencia; cuál su característica? ¿Qué une; qué distingue a los creadores norteamericanos, en la república de las letras? Hay, sí, autores notables, pocos, aunque algunos tan brillantes como Washington Ir wing, no nada yanqui, ni siquiera sajón. Americano es, sí, en cierto modo, el poderoso Whitman, el que vio

Un águila triunfando sobre una flor de lis

Pero una golondrina no hace verano. ¿Dónde están, pues, señor Stead, los plenipotenciarios del espíritu yanqui que yanquicen el mundo? ¿Serán Hall Caine, apreciable novelista, procedente del flamante naturalismo, y Mark Twain, filósofo de la risa que se introduce en Alemania? ¿O será la turba-multa de ambos sexos —polígrafos imbéciles e ignaros— que pulula en los Estados Unidos y hace crujir las prensas con sus volúmenes de a un real? Dudo que esos grafómanos ejerzan ninguna influencia fuera de los Estados Unidos. Dícese a menudo que los yanquis leen mucho. Es verdad, leen; ¿pero qué? Insulsos periódicos y obrillas anodinas que están, como diría Anatole France, *hors de la littérature*; y cuya existencia y consumo denotan

---

27 (*Poetic Gems from Shakespeare* till present day selected by B.S. Berrington B.A. La Haya, 1900.)

la basteza del sentido estético en el pueblo que semejantes mamarrachos produce y gusta.

En otras manifestaciones de arte, ¿qué ha producido tampoco el pueblo norteamericano? Su mejor compositor de música, el mediocre Souza, es un hebreo de origen portugués y nacido en Holanda. La circunstancia de que el rey Eduardo VII haya escogido un pintor yanqui para trasladar al lienzo la ceremonia teatral y arcaica del coronamiento, no significa, según imagina el señor Stead, la superioridad de la pintura yanqui. Puede significar, sí, muchas otras cosas; por ejemplo: la superioridad del pintor escogido, o el mal gusto del rey, o el desamor del soberano a los pintores actuales de Inglaterra. Un americano es, a lo que opina el señor Stead, «el más grande escultor de la época, excepción hecha de M. Rodin». Juro que ignoraba hasta ahora el nombre de ese genio; y aún ignoro cuáles sean las obras que le merecen tan lisonjera opinión del señor Stead; y qué palacio, o qué jardín, o qué ciudad se adornan con sus mármoles gloriosos. Tampoco en el teatro, como se desprende del capítulo que el señor Stead consagra a la opinión que el crítico inglés, míster Archer, tiene del teatro yanqui, pueden vanagloriarse los angloamericanos de poseer, no digo ya una literatura dramática, pero ni un autor notable. A fuerza de dólares se tradujo y se montó en la escena francesa, no hace mucho, una obra de autor yanqui. Luego de representada, los críticos de París, todos, desde el mayor al más insignificante opinaban contestes que la obra no merecía los honores de la escena francesa.

En la ciencia y en las aplicaciones prácticas de la ciencia sí han culminado, a la verdad, muchos norteamericanos. Franklin y Edison pertenecen al número de nombres de los cuales puede enorgullecerse la humanidad. Payne, Emerson, Maudsley, Draper e Ingersoll hacen honor al nombre norteamericano. Los ingenieros mecánicos y electricistas de los Estados Unidos son los primeros del mundo; y los útiles industriales, en cuya invención entran por igual imaginación y ciencia, alcanzan allí su máximo perfeccionamiento.

«Entre las influencias que están americanizando el mundo, opina el señor Stead, que no desperdicia ocasión de lisonjear la vanidad de los yanquis, la influencia de la mujer es de las más notables y encantadoras.» Yo no lo seguiré en la enumeración de mujeres norteamericanas que se casaron con hombres culminantes de otros países; y dejo íntegra su admiración por una cierta Mrs. Hallbon, de Minnesota, que «ordeña 19 vacas en la mañana y 19 en la tarde; y que en ocasiones ordeña hasta 50 por día». Opino como el autor que «sería monstruosa injusticia pensar que el matrimonio entre un título europeo y una rica heredera del Nuevo Mundo nunca sea cumplido por afección tan desinteresada, que los dólares no se miren como una bagatela en el contrato nupcial»; por eso no comparto el parecer algo contradictorio que expone el señor Stead, líneas antes, parecer según el cual «es solamente la más famosa heredera la que llama la atención; y en muchos casos motiva el matrimonio cuanto pueda imaginarse menos el sentimiento».

En el capítulo sobre el sport se escapa al entusiasta señor Stead, una explicación de por qué los yanquis han ganado contra Inglaterra once veces consecutivas la «America Cup», en carrera de yates. Esa explicación ingenua me hace pensar que, a pesar de su disfraz de yanquizante, el simpático ironista señor Stead es, hasta en sport, un desaforado patriota. No hay que engañarse; ese himno sin término, ese hurra constante a los Estados Unidos, no es sino una advertencia y un grito desesperado a su país. Ese hombre es, repito, un patriota. El mensaje de Cleveland, a propósito del proyectado latrocinio de Guayana, exaspera el patriotismo del señor Stead, que a pesar de toda su diplomacia lo trae a cuento doscientas veces. Y en alguna otra parte exclama el excelente patriota:

«John Bull tendrá que despertarse; será una dificultad de un cuarto de hora para el buen viejo; pero el resultado acaso a nadie asombre tanto como a esos americanos, que con la mayor sangre fría, parecen dispuestos a vender la piel del león antes de haberlo matado.»

Los ferrocarriles, la navegación y los trusts, a los cuales consagra el último capítulo de su tercera parte la obra del señor Stead, sí me parecen poderosos factores de americanización. Los trusts son una fórmula completamente nueva de la osadía colosal de los yanquis. El mundo no había visto hasta ahora nada semejante. Es natural que abra los ojos, en mueca de asombro.

IV

En el comienzo de la «Cuarta parte» de su obra el señor Stead se pregunta: *What is the secret of American success?* Él quiere saber en qué consiste la fuerza de los yanquis, con el laudable propósito de ver por beneficiar a su propio país. Según el señor Stead los tres primordiales factores de superioridad en el pueblo de los EE.UU. son: la instrucción; el estímulo de producción; y la democracia. Otras opiniones ajenas que cita el señor Stead son curiosas. Para un judío a quien alude el autor, el éxito de los angloamericanos consiste en que la religión no los embaraza ni les toma tiempo, en que no desparraman su energía en artes, como italianos y franceses; ni en ejércitos como los alemanes; ni en marina, colonias, sport, como los ingleses; sino que ellos concentran toda su energía nacional en este solo propósito: la conquista del oro. Esta opinión hebrea es tan insignificante, superficial y falsa que no merece los honores de la refutación. Míster Choate, embajador angloamericano en Londres opina como Tocqueville, que la democracia, *the absolute political equality of all citizens with universal suffrage*, es el secreto del éxito americano. Y un señor Wideneos, de Filadelfia, imagina que el florecimiento de su país se debe a la inteligencia e instrucción del proletario yanqui, y al fácil acceso del pueblo a todos los honores civiles.

Pero aun cuando no se descubran las causas del fenómeno, el fenómeno existe y es necesario contar con él. Así, el señor Stead preconiza la unión de los pueblos ingleses bajo la bandera americana; mas como todos los ingleses no aceptarán su fórmula, el señor Stead despoja su pensamiento de cuanto pueda tener de irrealizable; y concluye, apoyado en las mejores autoridades inglesas, por preconizar una alianza política. Y como las alianzas entre países pueden ser de muchas suertes, el señor Stead propone, ya no «The United States of the Englishspeaking World», sino la liga solemne que míster Stevenson propuso para entre la madre patria y sus posesiones. El señor Stead apunta esa Liga como base de alianza. Los compromisos cardinales de la Liga serían:

1.º Obligación de garantizar, contra la conquista extranjera, los territorios ocupados por raza inglesa.

2.º Garantía solidaria del derecho de neutralidad.[28]

Este es el punto capital del libro. Todos sus entusiasmos y fuegos artificiales de devoción a la raza conducen al señor Stead a querer:

1.º Que los EE.UU. olviden el consejo de George Washington, según el cual, respecto a las naciones extranjeras los EE.UU. deben cultivar las mayores relaciones de comercio y el mínimum de relaciones políticas;

2.º Que los recursos de los EE.UU. entren incondicionalmente al servicio del imperialismo británico.

Bien hace el señor Stead en sospechar que su proyecto de alianza no despierte en los EE.UU. el mismo entusiasmo que en Inglaterra. En efecto, los EE.UU. por esa alianza renunciarían: 1.º A la posibilidad de que el Canadá y las Antillas inglesas fueran un día posesiones norteamericanas; 2.º A la tranquilidad de su política exterior que les permite estar a la expectativa con las manos libres y los bolsillos repletos; tranquilidad que bastaría a comprometer la torpeza o mala intención, no solo del gabinete inglés, sino hasta de un simple Premier colonial.

Esa alianza, además, sabiamente explotada por la experiencia y sagacidad inglesas, reportaría beneficios innúmeros a la Gran Bretaña, aun con detrimento del desarrollo comercial y político de los EE.UU.; pero como Inglaterra es hábil en extremo y de una política florentina, acaso los EE.UU. consientan un día en ligarse las manos en beneficio de Inglaterra, que es lo que se propone, en último análisis, la obra del señor Stead.

V

Esa fraternidad de Inglaterra y los Estados Unidos duplicaría el apetito de ambas potencias; y es de preguntarse: ¿nosotros, pueblos españoles de ambos mundos, seríamos los menos afectados por esa alianza?

En el número correspondiente a julio de 1902, en la revista madrileña *Nuestro Tiempo*, del sesudo escritor político don Salvador Canals, corre un estudio titulado: «Nuestra frontera con Inglaterra en Gibraltar», obra del señor Maura Gamazo.

---

28   El texto reza así: «The bond between English-speaking nations would be reduced to an obligation to guarantee the home lands of the race against foreing conquest, and a joint guarantee by each and all of the right to neutrality» (edición inglesa, pág. 161).

Recuerden los españoles de la Península cómo pinta la actitud invasora de Inglaterra el señor Maura Gamazo; y cómo ve declinar el prestigio de España. «Volviendo al Peñón, escribe el señor Gamazo, si la renuncia de Inglaterra a su soberanía en aquel territorio dependiese de un plebiscito, ni en el norte de Marruecos, ni en el sur de España, contaría nuestra causa con bastantes votos para vencer. Saben muy bien los ingleses que no han de tropezar con la enérgica oposición del espíritu público, y porque lo saben hace mucho tiempo que van agrandando sus dominios a costa de España.» Luego de historiar el ensanche de las rapiñas inglesas en el territorio español de Gibraltar, el señor Gamazo recuerda los abusos ingleses de todo género, como sondeos en aguas españolas y desembarque arbitrario en tierra de España, so pretexto de buscar un torpedo. «Todo les sirve —añade con desconsuelo el señor Gamazo—, porque conocedores de la fuerza que tiene en nuestra patria el precedente, el abuso de ayer se convierte en derecho de hoy y en objeto de reclamación oficial mañana.»

Se dirá que el señor Gamazo ha sido ministro de Estado y pudo ayer prevenir los males que hoy delata; pero lo cierto es que el mal existe; que la influencia inglesa acrece en el sur de España, y en las posesiones españolas del norte africano, y que debe tenderse a que ni una pulgada más de tierra española caiga en las redes de aquella araña de hilos sutilísimos que miró en Gibraltar el señor Gamazo.

Cuanto a los pueblos hispanoamericanos, viven en la zozobra del peligro extranjero. Los yanquis manifiestan el deseo de que bandas de tierra a una y otra parte del canal y en toda su longitud, sean posesiones norteamericanas.[29] El señor Stead insinúa a los EE.UU., por si ellos se olvidasen, que para guardar el canal necesitan algunas estaciones; y benévolamente se permite indicarles: «la bahía del almirante, en Colombia; el golfo Dulce, en Costa Rica; y alguna de las islas Galápagos, islas que están lejos de la costa y pertenecen al Ecuador». El excelente Cecil Rhodes afirmaba una vez: «si

---

[29] Los armadores angloamericanos acaban de manifestar ante el gobierno de su país, pidiéndole que declare territorio de la Unión una zona de 10 kilómetros a ambos lados del futuro canal. Así, por esta humilde petición de los armadores yanquis, Colón y Panamá pasarían a manos de los EE.UU. No será extraño que otros buenos ciudadanos de los EE.UU. encuentren suficientes razones para pedir la anexión a los EE.UU. de los países del sur, de México a Patagonia.

hubiera sido Foreign Minister habría ocupado la Argentina, reteniéndola como retenemos el Egipto». El duque de Argyll, aconsejaba a los alemanes en la *Deutsche Revue*, en septiembre de 1891, que pusiesen mano en la República Argentina.

Véanse las elocuentes y fervorosas incitaciones del buen duque.

«Existe un país, el único país en el cual nada es despreciable, sino los hombres, donde un nuevo trono puede ser levantado. Existe un país cuya felicidad depende de una potencia extranjera, que impida a sus habitantes que se rompan unos a otros la cabeza cada pocos años; un país con una hermosa capital, espléndido puerto, buen suelo, en el cual todo es excelente, a excepción del gobierno. Este país que solo requiere un protectorado europeo para reducirlo al orden, y hacer de él un Dorado, es la Argentina. La dominación germana en forma de protectorado, o en cualquier otra forma, sería bien recibida, porque ella sería capaz de ayudar al país a levantarse de su actual postración.»

Este apreciable inglés señor Argyll, debe de haber celebrado algún contrato en la Argentina, o acaso guarde gratos recuerdos de Buenos Aires, ya que, a fuer de generoso en la gratitud, desea tanto bien para aquella tierra latinoamericana. Nobleza obliga. Solo una cosa echa en el olvido el de Argyll, y es la manera cómo retornó a Europa, de América, Maximiliano de Habsburgo.

De todas partes nos amenazan; pero ningún peligro sería mayor que el de los Estados Unidos, asesorados de Inglaterra. De donde se sigue que ante el peligro, la ninguna solidaridad de los españoles de ambos mundos nos es perjudicial. Yo no predico a los americanos regresión al estado de feto; a respirar por el cordón umbilical que la espada de Simón Bolívar cortó hace tiempo. No olvido tampoco cierta *Carta americana* de don Juan Valera,[30] según la cual la cuna de los pueblos hispanoparlantes es apenas un total de debilidades. Puesto a un lado el buen humor en disfraz de pesimismo, un acercamiento de los pueblos de raza española, ¿sería imposible? ¿Sería inconveniente? ¿De qué fórmula podría revestirse una fraternidad de

---

30   Véase la edición de Linkgua.

los pueblos hispanos de ambos mundos? ¿En qué pudiera consistir dicha fraternidad?[31]

Somos nosotros, americolatinos, quienes más peligro corren. Nosotros vivimos en la imprevisión. Nos imaginamos solos en el mundo, sin recordar que en política, lo mismo que en el mar, hay ballenas, tiburones y hasta pesadas focas que se nutren de la pesca, es decir, que viven de los débiles.

Todo induce a creer que las guerras, que en la Edad Media fueron de religión y a fines del siglo XIX industriales y comerciales, serán en el siglo XX guerras de raza. Las unidades de pueblos homogéneos tienden a unirse, con el instinto, aun vago, de un próximo peligro. Por algo se empieza a tratar de pangermanismo, de paneslavismo, de panlatinismo. ¿Será imposible el acercamiento panhispano? No a manera de unidad nacional, según la constitución de Italia y de Alemania, sino como una *fratellanza* política, cuyos nexos, más o menos estrechos, pudieran estatuirse, desde la simpatía platónica hasta la solidaridad oficial.[32] Y caso de que el panhispanismo sea irrealizable, no lo es de ninguna manera la alianza de las naciones lusohispanoamericanas. Un congreso de plenipotenciarios latinoamericanos reunido en alguna de nuestras capitales: Santiago de Chile, México, Río de Janeiro, Bogotá, pudiera, como ya lo intentó la previsión de Bolívar, en el Congreso de Panamá, decidir de los destinos de nuestra raza y nuestro continente. Darle forma al pensamiento de nuestra solidaridad, definir el código de los deberes y de los derechos mutuos de cada nación latinoamericana, asentar los medios para el cultivo de recíprocas relaciones de todo orden, tal sería el objeto de ese congreso. De unos países a otros los americolatinos no ventilan grandes intereses materiales del momento, es decir, gran comercio, etc. Ventilan, sí, un máximo interés de sentimiento y de vida, el interés de guardar el continente para sí, para la raza que lo posee. El descalabro de una porción de esa raza y de ese continente afecta, y afectará aun más en lo futuro, todo el continente y la raza latinoamericanos.

---

31 No se olvide que es un venezolano quien habla de panhispanismo, a pesar de que Venezuela podría guardar el resentimiento del Laudo español, a propósito de nuestros límites con la hermana República de Colombia.

32 El congreso panhispano de Madrid, que fue el primer paso hacia la solidaridad de la raza, no estatuyó nada, que yo sepa. De ahí su infecundidad relativa.

Ya de acuerdo nosotros en cuanto a ciertos puntos cardinales de nuestra política exterior,[33] pudiéramos decidir hacia qué lado convendría más inclinarnos: hacia el panamericanismo o hacia el panlatinismo; qué garantizaría mejor nuestro porvenir: el ideal de mancomunidad de continente e instituciones republicanas, o las afinidades de raza, y la homogeneidad de cultura latina. Cada uno tiene sus personales simpatías, por supuesto; pero simpatías no son razones. Demás de que ante el beneficio máximo de la comunidad debe sacrificarse todo.

Toca a los publicistas discutir estas ideas y a los gabinetes discutirlas e informarlas.

R. Blanco-Fombona
Cónsul de Venezuela en Ámsterdam

Ensayos históricos. Caracas: Biblioteca Ayacucho, Vol. 36, 1981, págs. 435-448.

---

33 De existir ese acuerdo no se hubieran cometido máximos desaciertos, como el de la cesión del territorio de Acre, por la República de Bolivia, a una compañía yanqui, con derechos casi autónomos. Esa malhadada cesión estuvo a pique de escindir las buenas relaciones necesarias entre países suramericanos. A la diplomacia del Brasil y a la buena fe de Bolivia corresponde el triunfo sobre aquel yerro.

La América de origen inglés contra la América de origen español

Un ilustre colaborador de *El Liberal*, don César Falcón, impugna en este periódico madrileño ciertas apreciaciones que encuentra en mi obra *El conquistador español del siglo XVI*, respecto a la hostilidad abierta entre la América de origen inglés y la América de origen español.

Yo creo que existe entre las dos Américas una lucha de razas, de civilizaciones, de fronteras; lucha de un país industrial y capitalista contra Estados pobres y pueblos agricultores. Estados Unidos contra Estados Desunidos. Creo que esa antipatía recíproca, que esa pugnacidad creciente entre las dos familias humanas, que parte de la posesión de aquel continente, es, por uno de sus aspectos, la lucha secular entre la gente española y la gente inglesa; entre la cultura latina y católica, por una parte, y la cultura sajona y luterana, por la otra.

Don César Falcón cree que no y aduce buenas razones.

Él no cree que pueda llamarse a la América de lengua castellana un conglomerado de raza española. «Nos hemos acostumbrado demasiado ligeramente —expone Falcón— a decir aquellos de los pueblos españoles de América.»

Y agrega, no refiriéndose ya exclusivamente a América, pero incluyéndola:

«La única lucha de hoy y de mañana es la lucha de clases. Así, dentro de este concepto, se desarrolla la lucha de los pueblos hispanoamericanos contra los Estados Unidos. No es una riña de raza contra raza, de país contra país. Es de clase contra clase.»

Los argumentos de Falcón, como se advierte, pueden explicarse así:

Primero. Los pueblos americanos no son pueblos de raza española.

Segundo. Son los capitalistas yanquis, que explotan también a las masas yanquis, los que ya solos, ya aliados con plutócratas de Hispanoamérica, explotan a las masas hispanoamericanas.

Ambas razones, dignas de un pensador como César Falcón, me parecen excelentes; pero no invalidan las mías, que abarcan un horizonte más dilatado, desde un plano superior.

• • •

54

Y contesto:

Primero. Desde el punto de vista antropológico, no existen razas puras. En este sentido, mal podríamos llamar española a nuestra América. Pero ¿son o no son aquellas naciones pueblos de civilización española, de lengua española? ¿No poseen un porcentaje considerable de sangre española? ¿No existe una minoría caucásica, dirigente, de origen español, más o menos puro? La raíz de su actual cultura es exclusivamente española, aunque en las ramas se hayan injertado luego –por fortuna– otras culturas complementarias, que van dando origen y carácter a una cultura propia que nos proponemos crear.

Representamos en América la cultura latina, en su variedad española, con modificaciones propias. Estas modificaciones, cada vez mayores, representarán algún día por sí solas una cultura especialísima: nuestra cultura. Entonces será América, con respecto a España, lo que son la misma España, Francia e Italia con respecto a Roma. Creo esto incontrovertible.

Hoy representamos en América a la gente española, a pesar del coeficiente indígena en unas repúblicas y del coeficiente europeo no español en otras, porque lo español ha absorbido o va absorbiendo lo demás, como puede testificarse con la lengua, que es espíritu. Representamos, pues, con más o menos puridad y excelencia, a la gente española, por nuestras minorías caucásicas, que son las que han impreso e imprimen dirección y carácter político a nuestras repúblicas. Creo también esto incontrovertible.

Los yanquis, a pesar de su heterogeneidad étnica, representan el espíritu, la lengua y la heredada cultura inglesa. Y como los yanquis y nosotros nos aborrecemos cordialmente, puede concluirse, me parece, que al ponernos en contacto, en el Nuevo Mundo, se ha establecido el viejo antagonismo de las razas y culturas que dieron origen a aquellos países.

• • •

Segundo. Creer que la avidez imperialista de los Estados Unidos, que se satisface en América a costa nuestra, es obra de una clase social exclusivamente, y no prurito nacionalista, me parece una candidez. Una candidez peligrosa.

En verdad que los plutócratas yanquis son insaciables; pero recuérdese que gobiernos como el de Wilson, que sofrenó un tiempo la concupiscencia de Wall Street, fue, por aquella misma época, de una gran crueldad con México, con Nicaragua, con Santo Domingo.

No; no es una casta en los Estados Unidos, ni un partido político, como creen otros, ni algunos hombres de presa los enemigos de América, de nuestra América. Todas esas avideces se alían, se traman, se confunden y toman aspecto y carácter nacional. El enemigo de América se llama Estados Unidos.

Hace cosa de un siglo, el Libertador Simón Bolívar, que no dijo ni escribió sino palabras seculares, nos dejó respecto a los Estados Unidos —y cuando todo el mundo estaba deslumbrado por este país— un juicio, que la posteridad corrobora:

«Los Estados Unidos —profetizaba el Libertador— parecen haber sido puestos por la fatalidad en el Nuevo Mundo, para causar daños a América en nombre de la libertad.»

Los yanquis mismos reconocen que su imperialismo presente es una enfermedad de todo el país.

Un escritor independiente, míster John Kenneth Turned, recuenta crímenes del imperialismo nacional yanquilandés, disfrazado ahora de panamericanismo. Míster Kenneth Turned escribe en *The Nation*, de Nueva York, a propósito de Nicaragua, y asimila la política imperialista de los yanquis a la de los pueblos feroces de Europa y Asia.

«El imperialismo americano —dice— es aprobado por ambos partidos. No se diferencia, por ningún respecto, del imperialismo de Inglaterra, Francia, Alemania, Japón, Italia, en lo que tienen de peor.»

Como se advierte, míster Turned, que sabe lo que dice y lo dice con claridad, echa la culpa del imperialismo no a una clase exclusiva, sino a toda la política de los Estados Unidos; a los dos partidos que allí dirigen, por turnos de elección, el Gobierno; a los ideales nacionales del país: panamericanismo, Doctrina de Monroe, comercio americano, civilización americana, expansión americana, etc.

Esperemos que cambie la modalidad actual de vida política en los Estados Unidos y que el comunismo a la rusa impere en el mundo todo, para saber cómo procederá el hipotético comunismo yanqui, desde el gobierno, con los débiles, sean clases, sean naciones, si existiesen para entonces distintas clases sociales, como las comprendemos ahora, y distintas nacionalidades.

Hasta el presente, los partidos socialistas, llegado el caso del conflicto extranjero, parecen dispuestos en casi todo el mundo a solidarizarse con los gobiernos burgueses. Esto ocurrió en la guerra europea. Ninguna guerra de conquista han impedido hasta ahora. Cuanto al socialismo yanqui, no tiene nada de extremista; y a nuestros ojos de hispanoamericanos se confunde, por varios aspectos, con los partidos burgueses de Europa o de Hispanoamérica.

Los nacionalismos no han muerto. Tienen la vida dura. Debemos contar con ellos y defendernos contra ellos cuando son fuertes y agresivos. Es el caso, en América, de la república lobo contra esa manada inerme de paisesitos corderiles. Corderiles no por mansos, sino por débiles.

Algo más habrá que decir sobre el carácter de la lucha entre ambas Américas.

Obras selectas, págs. 1138-1141.

El libro español en América

Los señores que me han precedido en este ciclo de conferencias organizadas por la Cámara Oficial del Libro han realizado obra amena, instructiva y práctica. Con el mayor acierto han discurrido, profesionales doctos, sobre la fabricación del papel (don Nicolás Urgoiti), sobre la confección técnica del libro, sobre la industria editorial, sobre autores españoles (don Ramón Pérez de Ayala), sobre las bibliotecas del Estado (el conde de Vallellano), sobre las bibliotecas de Cataluña y, por último, sobre las relaciones de la prensa y el libro (don J. M. Salaverría).

Ya está el libro español en la calle. Sabemos cómo nació, cómo se desarrolló, cómo se hermoseó. Ha entrado en contacto con el público. ¿Cuál será su destino? ¿Por lo menos su destino inmediato? El libro español, encontrando estrechos los límites de su patria nativa, pasa el mar, glorioso emigrante, y llega a América. Mi tema será, pues, el libro español en América.

Olvidaré, mientras hablo, que mi profesión es la de escribir libros propios; pensaré solo que también me ocupo en publicar los ajenos. Editor de libros, os hablaré como editor; es decir, como industrial.

Honrado inesperadamente con la invitación a hablaros, expondré mis ideas, sin entrometerme a inquirir, y menos a lisonjear, las del auditorio. A espíritus libres, se les debe hablar libremente. Esa, además, es la manera más digna de corresponder al honor que me hacéis invitándome a vuestra magnífica ciudad, a esta gran Barcelona, emporio del Mediterráneo, que sorprende a cada visita con nuevo encanto sugestivo y que, más feliz que las mujeres, embellece madurando.

• • •

El libro, en cuanto negocio, es un producto comerciable como cualquier otro producto. Su desarrollo y decadencia, en cuanto objeto de comercio, obedecen a las mismas razones que cualquier otro efecto de la industria humana.

El libro español va a América porque en América, en la América de lengua castellana, tiene su mercado más extenso. Más feliz que el libro ruso o que el libro holandés, se produce en una de las más gloriosas —y cada vez más difundidas— lenguas de la civilización. Más feliz que el libro alemán, o que el libro italiano, o que el libro escandinavo, aguardan al libro español, apenas sale a luz, no cierto número de capitales de provincia dentro de los estrechos límites de un Estado, sino vasto conjunto de capitales de pueblos. El libro español posee un público de naciones. Una comarca árida, seca, pobre, de genio bronco y áspero, perdida en alta meseta lejos del mar civilizador e itinerante, en el extremo suroeste de Europa, ha producido la maravilla de difundir por mares y continentes su oscura lengua, hoy claro vehículo espiritual de razas y subrazas distintas.

Cien millones de lectores corresponden ya al libro español en lengua de Castilla. Dentro de medio siglo, dentro de un siglo, dentro de mayor tiempo, ¿qué ocurrirá?

La mayoría de los pueblos de idioma castellano son pueblos que nacen apenas y que crecen «quemando etapas». Solo a la lengua de Shakespeare sonríe porvenir tan espléndido.

Si el libro es, por uno de sus aspectos, mera mercancía como el bacalao seco o el tabaco en rama, o los tejidos de seda, es, por otros aspectos, algo más complicado. De estos otros aspectos no puede prescindirse, ni siquiera cuando se considere el libro exclusivamente como objeto comerciable.

• • •

Al fabricar un efecto industrial, o cuando se propone fabricarlo, ¿en qué piensa, lo primero, el fabricante? Lo primero que piensa es en la utilidad de aquel objeto con relación al público a que se le destina. Si el productor se preocupa de relacionar sus productos con el público que los va a consumir, los vende; y si no, no.

Permítaseme una digresión pertinente.

Existen en Europa y en los Estados Unidos muchas industrias de objetos destinados, en modo exclusivo, para la exportación a América. Los machetes —anchas hojas de acero, largas de casi un metro—, inseparables del campesino de mi país, los fabrica expresamente Inglaterra para aquellos campesinos. Lo propio ocurre con otros útiles agrícolas, desde el arado triptolémico, ya solo en uso en algunas regiones atrasadas del trópico americano, hasta los rudimentarios trapiches de cilíndricas muelas de hierro.

Recuerdo que un muchacho pueblerino, compatriota mío, se presentó en Nueva York, donde yo, también mozuelo, acababa de llegar. Hicimos migas. Una tarde, andando por Broadway, nos dirigimos a vistosa perfumería. Mi amigo pidió una botella de Agua Florida, un agua de tocador –suerte de Agua de Colonia yanqui– muy mala y muy popular entre la gente pueblerina de los más atrasados pueblucos nuestros.

No sabíamos expresarnos en la lengua extranjera: vino un intérprete. Y el intérprete nos explicó que aquello no existía en el comercio al menudeo de Nueva York: era un producto de exportación. La oleomargarina nociva que enlatan y nos expenden como manteca de cerdo, tampoco la consumen ellos: ahí estamos nosotros para esos y otros productos que nos exportan.

Un tiempo, quizás, comieron ellos oleomargarina hasta que intervino probablemente la higiene oficial; tal vez en alguna época los elegantes de Nueva York se lavaban con Agua Florida, hasta que se refinó el gusto o progresó la industria de la perfumería. ¿Cesaron de producirse aquellas mercancías, ya en desuetud en el país de origen? No. Aquellas mercancías obsoletas eran nuestro encanto; y los yanquis continuaban, laboriosamente –¡aún recuerdo aquellos prospectos en el tocador de las criadas!– cultivando nuestro mal gusto, apestándonos con su Florida y envenenándonos con su oleomargarina. Eran comerciantes, no filósofos ni moralistas; hacían bien.

En ciertas repúblicas de tierras cálidas americanas, acostumbran las mujeres pobres –que son la inmensa mayoría de villorrios y campos– vestirse con una tela muy ligera que nombran, no sé por qué, zaraza. Hacíase y hácese gran comercio de esos géneros sutiles y vistosos.

Mientras no fueron de fabricación nacional, Inglaterra los surtía. Pero Alemania se interpuso. Los viajantes alemanes recorrían los más desiertos y ásperos territorios andinos; iban hasta los más remotos pueblos orinocenses, y con la sonrisa en los labios y en muy comprensible español, enterábanse no solo del consumo corriente, sino de las preferencias del consumidor. Pertrechados de conocimientos prácticos, encaminábanse a Hamburgo los viajantes y encargaban lo que habían menester. ¿Qué sucedía luego? Sucedía que de retorno en América, ya podían esos viajantes ofrecer –y ofrecían a ínfimo precio– la tela con que soñaran las aldeanas para seducir a los hombres en las vueltas y compases del joropo, para enganchar al novio vacilante, o para rivalizar, en las mañanas del domingo, al salir de la iglesia, con las burguesas de otro burgo o las campesinas de otro campo.

El reverso de esta medalla lo ofrece el francés.

Los franceses, con su aguda manía eterna e incorregible de sindicar de mal gusto lo que no es del gusto francés, y víctimas del empeño anticomercial de imponer lo suyo a todo trance, sin consultar la conveniencia ajena, operan de otro modo y, naturalmente, con éxito a veces mediocre, a veces nulo. Preséntase el *commis voyageur*, hablando en su pulcro y delicioso idioma que nadie le entiende a derechas en aquellos ignorados e ignorantes pueblecitos de la cordillera andina, o de la costa del Pacífico, o de los Llanos tórridos o de los cauchales bárbaros; y pueblecitos de los cuales se burla porque no tienen cafés cantantes, ni Ópera Cómica, ni grandes almacenes, ni grandes bulevares —*pas même de grands boulevards*—, ni casas de muchos pisos, ni se parecen a París. ¿Qué quiere vender? Perfumería de marca, sedas de Lyon, cuando no pieles de marta y abrigos de Astrakán. Quiere vender, en suma, artículos por allí inútiles.

Y este proceder comercial, llamado al fracaso en la competencia con más sagaces agentes de expendición, me recuerda el caso de algunos vendedores españoles en el siglo XVIII.

Entonces no existía, en lo que toca a América, la concurrencia. El colono debía comprar por fuerza lo que ofrecía la metrópoli. Y ¿adónde se llegó? Se llegó, por una parte, a vivir del contrabando; y, por otra, se llegó a la revuelta primero y, más tarde, a la revolución. Tan se vivía del contrabando en América durante el siglo XVIII y hasta la época de nuestra emancipación en 1810, que los buques españoles que llegaban no eran suficientes para abastecer aquellas poblaciones. La flota salida de Cádiz en 1720 solo alcanzó a 6.000 toneladas. Necesitábanse y consumíanse muchísimas más. Cuando se permitió que otras naciones pudiesen enviar sus buques a los puertos de América, ¿qué ocurrió? Mientras la metrópoli nos mandaba cuarenta y menos buques por año, los de otras naciones pasaban de trescientos.

¿Cómo se pudo tocar a semejantes extremos? Vais a verlo con un ejemplo. Y este ejemplo os servirá asimismo para haceros ver cómo la ineficacia y la tiranía comerciales, económicas, pudieron conducir, aliándose con factores de orden político, a la revuelta.

En 1780 se levantó en armas contra los dirigentes españoles del virreinato peruano un descendiente de los incas, llamado Tupac Amaru. Este indio y su revuelta de aborígenes fueron fácilmente vencidos, y luego castigados con extremo rigor. ¿Qué razones aduce el nieto de los incas, ya preso y procesado, para explicar su rebelión?

Aduce, entre otras razones de mucha cuenta —de tanta cuenta como la esclavitud política y social de su raza india—, la tiranía comercial que los encorva y arruina. Se les obliga a los indígenas a comprar al mercader y al encomendero —oíd— «terciopelos, medias de seda, encajes, hebillas, ruan, como si nosotros los indios usáramos estas modas españolas».

Ya conocéis, pues, uno de los motivos de aquella inorgánica revuelta.

En nuestros días, aunque se conquisten a cañonazos los mercados, nadie impone a cañonazos la compra de tales o cuales mercancías.

La concurrencia, por lo menos con respecto a la América de lengua castellana, queda abierta a todas las actividades.

Y ahora volvamos al libro español.

¿Ha sido extemporánea esta larga digresión? Quizá no. Hemos querido ver y hemos visto con ejemplos —y no con razonamientos— que si el productor se preocupa de relacionar sus productos con el público que los va a consumir, los vende; y si no, no. O solo los vende, cuando puede, a palos, y ésta es pésima política comercial que, al fin, arruina.

• • •

Estamos considerando el libro como una mercancía, como objeto comerciable. Conviene preguntar: ¿ha pensado alguna vez el autor español en los gustos y preferencias del público que va a leerlo en América, del mercado en donde vende en mayor escala su producto, su libro?

Debemos adelantarnos a contestar que no.

Y ahora preguntamos de nuevo: ¿un autor español o de donde sea, debe, puede, al sentarse a escribir, pensar en el público o los públicos que van a leerlo y escribir, en consecuencia, de tal o cual manera?

Debemos adelantarnos a contestar rotundamente: no. Y agregaremos que si tal hiciera no sería un escritor digno, sino un canalla con la pluma en la mano.

Y hemos llegado a otro aspecto de la industria del libro: al aspecto psicológico de la producción.

El libro es una mercancía en cuanto negocio, un objeto comerciable; pero es algo más, como vehículo directo del espíritu de un hombre —el autor— y de una raza: la raza a que ese autor pertenece.

El fabricante alemán puede pintar la zaraza y enrarecer el tejido o adensarlo, según exija el remoto comprador tropical; pero el autor de una obra no puede consultar el espíritu de otros pueblos, sino obedecer a su propio temperamento de autor y dejarse llevar —siempre se deja llevar subconscientemente— por los oscuros y eficaces impulsos de su alma y del alma de su raza.

En el negocio de exportación de libros debemos, pues, contar, como en todo negocio de exportación, con el público que va a consumir lo que exportamos. Debemos asimismo darnos cuenta de que la mayoría de los productos de la industria puede amoldarse y se amolda al capricho del cliente: este producto libro, no. El champaña —insístase— podemos dulcificarlo o convertirlo en extra dry; los tejidos podemos asombrarlos o pintarlos de colorines; pero el producto libro no puede encargarse al gusto del consumidor.

Para vender libros es necesario que entre el autor y el público existan simpatías de orden psicológico. Estas simpatías me parece que pueden existir entre un pueblo de tal o cual idioma y autores de lengua diferente; y que pueden no existir entre autores y pueblos de la misma lengua.

Si los hispanoamericanos tenemos y demostramos profunda simpatía por la cultura —y en especial por las letras de Francia—, y si esta simpatía perdura al través de los tiempos y las vicisitudes de la vida de relación internacional, no será por capricho ni por moda —que cambiarían de una generación a otra—, sino porque esa simpatía corresponde a ciertas necesidades psicológicas.

En este sentido creo, y lo expongo con lealtad, que toda aquella producción intelectual española que tiende a continuar la tradición de la España negra —de la peor España: católica, monárquica, académica—, está llamada a ir mermando cada vez más su influencia y su negocio en los países hispánicos del Nuevo Mundo. Porque la escisión entre ese espíritu y el espíritu de América es evidente; y la comunidad de lengua no sirve sino para demostrarlo mejor.

Por el contrario, la España nueva, la España que anda, la España del porvenir, la España socialista, la España de grandes valores intelectuales vivos y activos, el espíritu rejuvenecido de España se encuentra en fraterna alianza con el espíritu de América. Por sus instituciones, por sus costumbres y por su ideología, América es, quiere ser, un continente de vanguardia revolucionaria. Un país de la Edad Media no podría interesarle.

• • •

Resumamos, pues, antes de exponer algunas cifras que pueden enseñarnos con su elocuencia escueta, si antes las vivifica y les da sentido el comentario.

Para la venta de libros, como para la venta de cualquier objeto, debe existir relación de inteligencia, de tácita inteligencia, entre el productor y el consumidor. Esta relación de inteligencia, ligerísima cuando se trata, pongo por caso, de botones de búfalo o de cestos de mimbre, llega a ser profunda, llega a estrecha simpatía psicológica, cuando se trata de libros. El productor de libros, el autor, no puede, si es hombre de valer y de sinceridad, producirlos de esencia diferente de como los produce, porque no está en manos de nadie cambiar lo más sincero y hondo en el espíritu de las razas.

Los hijos de América compran y comprarán tanto más las obras españolas cuanto más cerca esté el espíritu de los americanos del espíritu español que las inspira y crea.

Esto lo sienten, hasta por mero instinto, todos los hombres libres y cultos de España. Esto lo sienten con vehemencia aquellos patrioteros españoles que, considerando el libro solo por su aspecto cultural, desearían imponernos a los americanos el libro español por los mismos procedimientos que imponía el encomendero de antaño las medias de seda fina y los jubones de terciopelo a los indios de Tupac Amaru.

El camino es otro. El camino es descubrir el fenómeno psicológico para estudiar luego y comprender mejor el fenómeno económico.

El camino es acercar al pueblo fundador y a los pueblos que de él nacieron. Y ver hasta qué momento del futuro, hasta qué recodo del destino podemos andar juntos. Para mí el problema es claro. España penetrará en la nueva América en la medida en que se modernice tanto en instituciones políticas, como en estética, en ciencias, en filosofía, en economía y en procedimientos industriales.[34]

El acercamiento moral de dos pueblos, de los cuales uno es hijo del otro, existe siempre en mayor o menor grado. Se parece al de ciertos árboles alejados en el espacio, a la vista del hombre; pero que entrelazan y confunden sus raíces bajo la misma tierra que los nutre de la misma sustancia. Este acercamiento de España y sus hijas, las repúblicas de América, tiene, como el subterráneo contacto de los árboles, ocultas raíces firmes que se estrechan en los silos de donde nacen.

Pero el américo-hispano ya no es el eurohispano, por el cruce con distintas razas americanas y europeas y, aun en ciertas zonas, con elementos del África. Aunque se hubiera conservado puro, sin injertos, el español sería hoy en América muy otro de como es en Europa: lo habría transformado la acción, durante cuatrocientos años, de influencias mesológicas, telúricas, diferentes de las de la España originaria.

Este español de América, este hombre nuevo, el hispanoamericano, carece hasta ahora de una vernácula cultura nacional. Su cultura es refleja. Pero queremos crearnos una cultura propia, empezamos a creárnosla y —estad seguros— la crearemos. Esa cultura tendrá como factor principalísimo la cultura de la Europa latina, y por fundamento indestructible la secular, la gloriosa, la enérgica, la magnífica cultura del pueblo que nos dio la mejor de nosotros mismos, que nos transmitió su sangre, su lengua, su fe, de ese gran pueblo con el cual convivimos por espacio de siglos y del cual no podemos ni queremos hablar sino con afecto y veneración.

• • •

Veamos lo que está ocurriendo al presente en el orden económico.

---

34   Esto es precisamente lo que repitió, años más tarde, el médico español de Buenos Aires, don Avelino Gutiérrez.

España vende libros a América –todos los editores lo sabéis– por valor de ocho a diez millones de pesetas al año.

Esta cifra sería mucho mayor si España centralizase todo el comercio de libros españoles –o mejor dicho, en lengua española– con la América latina; y si Francia, Estados Unidos, Alemania –y ahora Inglaterra e Italia– no le estuvieran disputando el terreno. Para que se alcance la importancia de esta concurrencia, diré que una sola de las casas extranjeras competentes, la casa Garnier, de París, realizaba hasta hace poco –y digo hace poco porque no tengo informes de la reciente postguerra– un comercio americano que ascendía a dos millones de francos oro por año.

La mayoría de las casas españolas anda muy lejos de tales cifras.

La librería extranjera de lengua castellana perjudica, pues, enormemente, en el mercado de América, a la edición española. En España gritan, sin enterarse a derechas del asunto, y dicen que la cultura española padece, que los extranjeros venden malas traducciones, llenas de erratas, etc. No hay tal. Las traducciones extranjeras que preparan esos rivales de la edición española no son, con raras excepciones, mejores ni peores que las de aquí; y, en cuanto a presentación, puede afirmarse otro tanto. Las ediciones de Garnier son generalmente buenas; y las de Ollendorff, aún mejores.

No será por las erratas que venden sus libros, ni porque salgan en guirigay. ¿Por qué los venden? ¿Qué facilidades dan para la venta? ¿Cómo divulgan sus obras? Y, principalmente, ¿qué venden? Eso es lo que debe inquirirse. Fijémonos de preferencia en esto último. ¿Qué venden? Se dice que libros españoles. En esto se comete una anfibología. No venden, por lo común, obras españolas, aunque vendan obras en lengua española. Yo invitaría a que se repasase, con el lápiz en la mano, el catálogo de Garnier o el de Bouret o el de Ollendorff, para no salir de Francia, que es, hasta ahora, la mayor concurrente de España en punto a libros. Se verá que venden, relativamente, muy pocos libros de autores españoles. Garnier vende clásicos castellanos y algunos autores modernos, pocos buenos, la mayor parte de segundo y tercer orden; Ollendorff no tiene escritores españoles, viejos ni nuevos; Bouret muy pocos. ¿Qué venden, pues? Venden traducciones del francés y venden libros americanos.

66

Nadie en España supo ver que se podía explotar con provecho al autor en América... por lo menos en América. Se creía y se cree, se decía y se dice, que allí no existe nada que valga. Y yo respondo que el editor español, por lo general, carece de sentido de adivinación; y, a veces, de sentido común. Y el librero español en América —inmigrante ignaro o patriotero vulgar—, es peor aún. Para él un libro de Montalvo, o de Martí, o de Sarmiento, o de Baralt, o de Caro, maestros del idioma español, es y debe ser inferior a una novela asquerosa y mal escrita de cualquier oscuro pornógrafo peninsular. Con un criterio absurdo desdeña el libro americano —que honra la lengua materna— y exalta el del pornógrafo o mediocre productor europeo que deprime esa lengua y deshonra el espíritu nacional. Así obra el estrecho patriotismo de algunos bárbaros.

Yo mismo, que os hablo en este momento, y que estoy lejos de imaginarme un águila, pero que tengo dos ojos en la cara —y acostumbro emplearlos para ver—, advertí, apenas llegué a España en 1914, que en España había un filón por explotar con el libro de América. Y me convertí en editor. He publicado, solo de libros americanos, cientos de volúmenes de 1915 a la fecha; y he podido comprobar que el libro americano se vende tan bien como el de otra nacionalidad y, en muchos casos, mejor.

Diréis que esto no es hablaros del libro español en América, y yo me permito responderos que sí, y que hay que relacionar las cosas para comprenderlas a cabalidad.

• • •

La guerra lo trastornó todo en Europa y América, unas cosas en bien, otras en mal. El comercio de libros en lengua española entra en el número de los trastornos beneficiosos para España y para la misma América.

Antes de la guerra existía en París un centro poderoso de irradiación del libro en idioma castellano hasta la América de ese idioma. Revuelta y ensangrentada Europa, los yanquis aprovecharon las circunstancias y centuplicaron su producción de libros en lengua de Castilla. Pero el centro de irradiación no pasó de París a Nueva York, sino de París a Madrid. Madrid y Barcelona tendieron a ser las metrópolis únicas del libro en castellano. El comercio de libros se intensificó, nuevas y poderosas casas nacieron —

algunas con capital extranjero, pues el capital extranjero supo ver claro—, las obras se presentaron con más lujo y más gusto, fueron más dignamente remunerados los autores y salieron a la luz más y mejores libros. Asistimos a un renacimiento de las artes mecánicas del libro, que ha coincidido, por fortuna, con un renacimiento del espíritu hispano.

España había abierto los ojos. Pero también los abrió América. Y si en España se fundaron casas editoras, en América también se fundaron. Aunque solo citáramos una de cada país, pudiéramos contar una larga lista: la Cultura Argentina, Ediciones de México Moderno, Ediciones de Cuba Contemporánea, la Cultura Venezolana, Arboleda y Valencia, de Bogotá; y otras casas en Lima, Montevideo, San José de Costa Rica, Santiago de Chile, etc.

Estas empresas publican obras de autores nacionales y libros europeos favoritos de aquellos públicos. Esas empresas que cito mantienen su actividad dentro de los límites del decoro profesional, hacen concurrencia al libro de España. Las ediciones fraudulentas, práctica abusiva, también compiten y compiten alevosamente con el editor de la Península. De las ediciones fraudulentas hablaré dentro de un instante.

Las circunstancias en que se desenvuelve la reciente industria del libro americano no le son del todo propicias todavía; y favorecen, en consecuencia, la industria y propaganda del libro español en América y del libro extranjero traducido y divulgado por el editor de España.

La mano de obra, que es cara en América; el alto precio del papel importado, mientras no se reduzcan en su obsequio, como elemento de cultura, las tarifas aduaneras, y siempre subido aun cuando el papel se produzca en el país que lo consume; el permanecer localizado en ciertos centros el hábito, el amor de la lectura, la geografía de aquel enorme continente, la carencia de vías múltiples y rápidas de comunicación y el no abundar países lo bastante populosos para consumir ellos solos y en corto tiempo la mayor parte de las ediciones, son causas —unidas a otras concausas— de que no haya prosperado en América, hasta ahora, en la debida proporción, la industria editora.

Como semejantes dificultades no pueden removerse de la noche a la mañana, la industria española del libro no tiene por qué alarmarse. Más tarde, quizá tampoco tenga por qué dar en la inquietud: si cambiasen las condiciones del mercado en América —que sí cambiarán— a la industria española del libro le bastaría con cambiar ella también de procedimientos, con mudar de sede, o bifurcar su actividad, convirtiéndose en industria del libro español en España y del libro americano en América; o con más latitud, convirtiéndose en industria del libro español y americano en España y del libro americano y español en América.

Esta mera suposición repugnará en España —estoy seguro— a los espíritus pétreos y conservadores, enemigos de revoluciones y aun de evoluciones. Las evoluciones y aun las revoluciones, sin embargo, se cumplen automáticamente, a despecho de aquellos que las repugnan, las niegan y hasta las combaten.

La industria americana del libro tropieza con serias y persistentes dificultades: los obstáculos geográficos parecen los más difíciles de dejarse vencer. Pero lo difícil no es lo imposible. La palabra imposible tiende a desaparecer del lenguaje humano. La voluntad del hombre es más granítica que el granito, más honda que los mares, más leve que la atmósfera, y puede salvar las distancias y colmar el vacío. Lo ha hecho; ¿por qué no seguirá haciéndolo? Ya el avión, en pocos años, acerca a los países americanos entre sí, más que el caballo de vapor durante un siglo.

El libro español se difunde por todas las repúblicas: abraza un área inmensa; y esa área inmensa le es necesaria para abarcar toda la población lectora esparcida y dispersa por aquel continente. El libro producido en América no puede competir, todavía, en difusión extensiva, con el libro español.

Vamos a explicar por qué.

• • •

Las repúblicas americanas, como sabéis, forman distintos grupos. Los pueblos que integran cada uno de estos grupos sostienen entre sí relaciones más o menos estrechas; pero ya las relaciones de un grupo a otro grupo son, por las distancias, más dificultosas, y en algunos casos, nulas.

Argentina, Chile, Uruguay y Paraguay, por la vecindad y medios de comunicación, forman un grupo.

La América del Centro, que no es lo que suele llamarse aquí anfiboló-gica y tudescamente «Centroamérica» —*Mittelamerika*—, confundiendo la geografía física con la geografía política de nuestras repúblicas, la América del Centro y México forman otro grupo.

Venezuela, Cuba, Colombia, República Dominicana, Puerto Rico, Panamá, otro. Ecuador se vincula por el Norte con Colombia, por el Sur con Perú. Bolivia y Perú constituyen bloque. No hablo —entiéndase— de vinculaciones políticas.

Los países que integran cada grupo comunícanse entre sí con facilidad, por lo menos relativa: ya se expuso; pero es menos corriente la comunica-ción entre los distintos bloques de pueblos, o mejor dicho, entre los pueblos que integran uno de estos bloques con los pueblos que integran otro. Las relaciones del grupo argentino-chileno, etc., con el grupo colombo-cubano-venezolano o del grupo México-centroamericano con el bolivio-peruano, son hasta ahora, por la naturaleza del continente y por escasez de vías de comunicación, bastante dificultosas. No trato desde luego de relaciones políticas ni de relaciones afectivas, relaciones que en América, mientras más distan unos pueblos de otros, mejor se conservan.

Y la razón de esas dificultades de comunicación a que me refiero estriba en lo siguiente: produciendo casi todos aquellos pueblos materias seme-jantes, tienen poco que traficar entre sí, mientras que todos encuentran en la Europa industrial lo que les falta y quien les compre lo que ellos cultivan o crían.

Pero las producciones, si semejantes a veces, no resultan siempre idén-ticas: algo tienen que venderse unos a otros. Únase a éstos, motivos de más complicado orden económico y de trascendental orden político, y se comprenderá por qué esos pueblos hermanos tienden más y más a unirse y comunicarse. No es raro leer en la prensa de esas repúblicas avisos por el estilo: «Los señores X. X., exportadores (de tal casa) solicitan relaciones en la República (otro país) con casas importadoras».

Las comunicaciones materiales entre las distintas repúblicas de América tienden a mejorar; y vosotros, editores de España, debéis abrir los ojos por lo que os importa. Ya existen —y seguirán en aumento— comunicaciones aéreas entre países muy distantes uno de otro. Al ferrocarril interamericano, que atraviesa el continente de Norte a Sur, le faltan pocos entronques de unos con otros caminos de hierro nacionales, en países limítrofes, para convertirse en viviente realidad. Una compañía chilena de navegación comunica a casi todas las repúblicas del Pacífico: Chile, Perú, Ecuador, Colombia; ya toca en Panamá, y pronto arribará hasta México.

Todo esto influye e influirá decisivamente en el negocio de libros españoles en América y amenguará la venta Pero no hay mal que por bien no venga. Si la industria española del libro, negándose a adaptarse a nuevas circunstancias, resultase perjudicada, España, con la más íntima y cohesiva unidad de América, sale a la postre gananciosa, no solo por razones de economía sino por razones más trascendentales, que no es aquí oportuno tratar.

El editor español no debe desesperar. Aun en las peores hipótesis, siempre quedará mercado inmenso para el libro español, para el libro español selecto, que pueda competir no solo con el libro americano sino con el libro francés, italiano, inglés, alemán, por América muy difundidos, máxime el primero. Los demás, por el orden en que se citan.

Pero desde ahora conviene abrir los ojos a la evidencia y hacerse cargo de las circunstancias. América, hasta ahora consumidora de libros, está cambiándose de país consumidor en país productor.

Llegará un día, lejano aún, en que la situación de España con respecto a nosotros y en punto a libros sea igual a la de Inglaterra con respecto a los Estados Unidos. En los Estados Unidos se publican más libros y más revistas que en Inglaterra; sin embargo, el libro inglés sigue vendiéndose, cuando es bueno, en la América sajona.

• • •

¿Os parece que exagero? Lo veremos con números. A pesar de las dificultades ya expuestas: mano de obra cara; enormidad de las distancias, aun dentro de cada república; deficientes comunicaciones nacionales e internacionales, ¿no se nota hoy mismo en España la incipiente actividad editora de aquellas repúblicas? ¿No se percibe esa actividad de reflejo en el negocio español del libro? Contestaré con las cifras que os he prometido.

Y para no fatigaros consideremos el caso en solo dos países: uno del Sur, Argentina, y otro del Centro, Cuba, aun descartando voluntariamente a tan gran comprador de libros como México. Las cifras que aduciré y que hablarán por sí, las creo inéditas, y proceden —debo decirlo desde ahora para que les deis crédito— de fuentes oficiales: del Consulado de España en Buenos Aires, unas; del Consulado de España en La Habana, otras.

En Argentina se importaban de España, en 1916, 724.424 kilogramos de papel impreso. En el primer trimestre de 1920 se importaron solo 85.107 kilogramos. Lo que daría, para los cuatro trimestres, 340.428; es decir, menos de la mitad que en 1916. Pero como estos dos años, tomados aisladamente, no dicen todo lo que pueden decir, os formaré un cuadrito donde se palpe, año por año, la disminución.

Kilogramos de papel impreso
1916 ...... 724.424
1917 ...... 606.877
1918 ...... 548.028
1919 ...... 447.662
1920 ...... 340.428

Por lo que respecta a Cuba, las cifras no son menos decidoras.

En Cuba se importó de España en el año 11918 papel impreso por valor de medio millón de pesetas; con exactitud, 94.961 dólares. Al año siguiente, 11919, el valor de esa importación disminuye: solo llega a 93.706 dólares.

En La Habana, además —y lo digo para que se percate el público de los adelantos editoriales que hacen concurrencia a los envíos de España—, se publican revistas en las cuales se emplea, por el pintor cubano Massaguer, un procedimiento patentado para fotograbar, cuyos resultados superan a los que usan las mejores revistas de los Estados Unidos. La revista ilustrada *Plus Ultra*, de Buenos Aires, no envidia a las mejores de la Península. Los magazines de Santiago de Chile son excelentes; las revistas, y en general los libros de México, compiten o pueden competir en presentación con lo más selecto, dentro de lo corriente, de la librería en Europa.

. . .

Otro enemigo, y enemigo el más desleal y odioso de la industria española de libros, es el libro fraudulento, el libro español o de publicación española reeditado clandestinamente en América. Todos hemos sido víctimas de semejante felonía. ¿Cómo combatirla?

Tratados internacionales para garantizar la propiedad intelectual no quieren celebrar la mayoría de aquellas repúblicas. Las induce a negarse la idea de que no existe paridad entre su producción exigua y la de cualquier país europeo; y la creencia de que necesitan evitar trabas a la cultura y su principal agente, el libro; la creencia de que el libro no es mero pasatiempo sino factor de civilización, y de que todo cuanto sea civilizador debe acogerse y difundirse con el menor expendio. Gente poco escrupulosa, explota semejante estado de espíritu oficial —enemigo de los tratados respecto a propiedad literaria—; y nace, a la sombra de una idea protectora, nacionalista, el libro espúreo, la obra de fraude.

Ya sabemos cuál es el origen de que el fraude se produzca. Veamos cómo se produce.

El editor de Madrid o de Barcelona envía a un librero, digamos de Santiago de Chile, cinco, o diez o veinte o cien ejemplares de los títulos que publica. Por cualquier circunstancia, alguno de aquellos libros corre con fortuna. El librero vende sus cinco, o diez, o veinte, o cien ejemplares. El público continúa solicitando el libro. El librero no pide a España nueva remesa de aquella obra. Sabe que pasarán uno, quizá dos meses, antes de que llegue, y ya el entusiasmo del público puede haberse localizado en otro objeto. Entonces aparece el defraudador, saca a luz una edición y realiza negocito bastante innoble, pero bastante productivo. Otras veces el libro de fraude va de la misma Europa.

¿Qué hacer para evitar a la industria honesta semejantes puñaladas traicioneras?

Establecer en los grandes centros depósitos bien surtidos, es lo primero que se ocurre. Después recapacitamos y advertimos la ineficacia del procedimiento, máxime para los editores modestos, que son desvalijados al igual de los más opulentos. Mantener grandes almacenes de libros en varias capitales de Ultramar para aprovecharse de la venta eventual de un título que

73

corra con fortuna, parece desproporcionado, por cuanto equivale a inmovilizar mucho dinero.

Queda el medio más económico de amparar la producción española con las respectivas legislaciones nacionales, inscribiendo los libros que se pongan a la venta, según las leyes de propiedad intelectual en cada república. El tiempo dirá si todos los editores de España acuden a este procedimiento y si este procedimiento, en la práctica, produce alguna eficacia.

• • •

Debo terminar. El deseo de enfocar algunos de los múltiples aspectos del asunto, el libro español en América, me ha hecho ser poco lacónico. Temo haberos fatigado. Os pido perdón.[35]

Motivos y letras de España, págs. 99-133.

---

35 Ulteriormente ha estudiado con sumo acierto el problema del libro español el secretario de la Cámara madrileña del Libro, don Leopoldo Calvo Sotelo. También el publicista don Pedro Sáinz Rodríguez ha tratado el asunto.

Tirano Banderas

I

¿Quién inventó la España de pandereta? Me parece que el romanticismo francés. A inventarla contribuyeron muchos y fuertes ingenios, desde Mérimée hasta Gautier.

A los escritores siguieron los caballeros de tela y pinceles. No se debió el invento a mala fe, ni a antipatía, ni a ignorancia, sino a dos de las características del romanticismo: el excesivo amor de lo pintoresco y el excesivo despego de la precisión.

Es decir: la deformación de la realidad, vista por el ojo romántico, y expuesta por la pluma o el pincel de 1830, contribuyó a la creación del cuadro, no destituido de verdad; pero de malísima verdad: la verdad de poco más o menos, ladina y horrenda forma de la mentira.

Estereotipado ya el cuadro en la conciencia francesa, no hubo pobre diablo de gabacho que, incapaz para más, cegarrita y loro, no se creyera en la obligación de untar sobre la tela policroma su poquito de negro, de rojo, de amarillo y de estupidez.

Todos en él pusisteis vuestras manos.

Ramón del Valle-Inclán ha cumplido con respecto a América la obra de todo el romanticismo francés con respecto a España.

Él solo —tanta es su fuerza— ha creado, en *Tirano Banderas*, una América de pandereta. ¡Muera el tirano! No lo movió afán vil ni caricaturesco. Al contrario: rezuma simpatía por todos sus poros la América de Valle-Inclán. Entre los pleitos de la colonia española, partidaria del tirano, a cuya sombra pelecha, y el triste pueblo de léperos, la pluma del escritor —cuarzo de cincuenta kilos de oro— inclina la balanza del lado adonde cae... ¿Y adónde cae? Del lado popular; en el platillo opuesto al platillo que agobian el tirano y su corte estrafalaria y cruenta: esa corte donde culminan un rapabarba, como en la de Luis XI; gente soez y chocarrera, como en la de Fernando VII y prohombres de la colonia española, como en la de Porfirio Díaz.

La pintura del ministro español, en su ambigüedad grotesca, y la de algunos ases hispanos como don Celes, necio rico, abotargado gachupín, no puede ser ni más lograda ni más cruel.

Me alegro de tal pintura y daré la razón de mi alegría. Parece que a Valle-Inclán en alguno de sus recientes viajes a la República de América que se asemeja más a la fantástica Santa Fe de Tierra Firme, ni el ministro de España ni los paisanos del gran manco de Galicia lo acogieron con palmas que merece embajador de tal procuratura. ¿Por qué? Porque este hombre de conciencia pulcra y visión lontana, porvenirista, llevó a mal, como un día el general Prim, el que España sirviera de comparsa en América, contra sus propios vástagos de aquel continente y en favor de potencias que allí sestean, agazapadas a la orilla de los grandes ríos, en espera de presa, caimanes de ávida mandíbula asesina.

El interés inmediato ciega los ojos que más lejos debían mirar. La agudeza diplomática es a menudo roma. Y las sutilidades que el vulgo aplaude en los hombres de la carrera, ¿qué son muy a menudo sino lugares comunes de maquiavelismo, vulgar repetición de lo aprendido? También hace corvetas el caballo de circo, gracias el perro amaestrado. Para cambiar de ademanes y actitudes precisa cambio de conciencia. Dejemos a los diplomáticos tranquilos. No pidamos peras al olmo. Pero sin pedir peras al olmo, bien pueden saber todos, incluso los fantoches de casacón y espadín, que cuando alguien dispone de una pluma como la de Valle-Inclán, debemos tener con tan peligrosa criatura mucho comedimiento y cortesía. De lo contrario... ¿Cómo no hemos de alegrarnos con *Tirano Banderas*?

Quedamos, pues, en que Valle-Inclán ha creado una América de pandereta, no por desamor a América, sino por obedecer a su espíritu dramático. Aquí no se aduce la simpatía de Valle-Inclán hacia el Nuevo Mundo hispánico sino para insistir en que su creación de una América de pandereta nada tiene que hacer con propósitos hostiles. Ni con las conocidas petulancias, ignorancias y estupideces madrileñas. Muy al contrario. La suya es simpatía de precursor, simpatía de larga vista, aun en contra de los intereses aparentes y próximos de España. Por lo demás, puede una obra chorrear odio contra un país o una raza y ser, en los dominios del arte puro, excelsa.

II

Habrá quien no dispute el bronco *Tirano Banderas* por una de las mejores obras de Valle-Inclán. Siempre será una de las más curiosas. El autor –buen romántico– fantaseó tiranos, revoluciones y países de camelo, por encima y por fuera de la modesta realidad de todos los días. Con todo, ¡qué libro! *Tirano Banderas* ha sido estadio donde el poeta halló terreno propicio a su aptitud, como el potro en la pampa.

El arte de Valle-Inclán, todo suntuosidades verbales, sensualidad, lirismo, superstición y tragedia, se encuentra a su amor en un medio trágico, sensual, supersticioso, con asunto a propósito para derrochar verbo y color.

Los ciegos, los mendigos, los hampones, las prostitutas de antaño, reaparecen. Fatalidades sombrías; escandidas pasiones; lujuria y sangre; la coca del indio boliviano, la sugestión biomagnética de farandul iniciado «en la ciencia secreta de los Brahamanes de Bengala»; lo más sibilino y confuso de una conciencia universal obliterada, flota sobre la novela y la ciudad. Por la ciudad y la novela discurren en revueltos tropeles la indiada cubierta de zarapes y sabaniles, los caballos de la asonada revolucionaria, los fusileros y sicarios de un déspota...

El estilo barroco y apasionado de Valle-Inclán, opulento de léxico, la sintaxis fluente y varia, destituido en absoluto de cuanto agrave el período, pudiera servir como espécimen de lo que llamaron los Goncourt escritura artística. El autor anda lejos de sus juveniles concomitancias con Barbey d'Aurevilly, Casanova, D'Anunnzio, Darío. Conserva lo temperamental. Pero su escritura artística, con ser tan suya, disimula apenas el entronque con el D'Annunzio de *La figlia de Jorio*. En cambio, nada debe al mosaísmo de Goncourt. Debe, sí, mucho a los poetas de América.

En *Tirano Banderas* fosforecen cuadros en fondo negro: tumultos callejeros en noches de fiesta popular, conventos de monjas ultrajadas, congales de daifas en cabello; cárceles, cuarteles, Montes de Piedad; la poblada pintoresca y sañuda que desafía al monstruo, los balcones del Casino español que lo aclaman; una criatura comida de cerdos, como en *Canaan*, de Graça Aranha, y una mazmorra, trágico hormigueo de sombras rebeldes, como en otras novelas americanas, a cuyo autor no debo mencionar.

¡Y los tipos! ¡El paso de los tipos!

Personajes señeros: un hombre que arrastra a la cola de su caballo a un prestamista; indios borrachos de pulque y tribunos borrachos de retórica; el diplomático con mimos de odalisca y el porfirócrata con suavidades de felino.

¡Qué arte tan pulcro!

Ya el toque del detalle psicológico, donde cabe toda ideología del blanco acaparador: «el indio dueño de la tierra es una utopía de universitarios»; ya, en dos rasgos, toda la fisonomía física de un monstruo: *Tirano Banderas*, «una calavera con antiparras negras y corbatín de clérigo», rumia la coca y «en las comisuras de los labios tenía siempre una salivilla verde».

Sitúa Valle-Inclán la república de *Tirano Banderas* en los trópicos del Pacífico; y desarrolla el terror de su cobrizo Tiberio en la primera mitad del siglo XIX. Inútiles precauciones. Ni barbarócratas ni barbarocracias han desaparecido por completo en América. Las ondas del mar Caribe bañan, al mediodía, el antro de Tiberio Banderas y ahogan con furor blanco y azul, sollozos de un pueblo emasculado.

Si pudiéramos asignar nombre propio a esa caricatura de Tirano, yo insinuaría el de Huertas, el azteca, aquel a quien llamaban sus condiscípulos «la oveja», por lo manso.

Del *Tirano Banderas* específico, llámese como se llame, pudiera exclamarse con el viejo y olvidado Rodrigo Cota:

> Donde mora este maldito
> no jamás reina alegría,
> ni amor, ni cortesanía,
> ni ningún buen apetito.

III

¿Qué pensarán los puristas españoles de *Tirano Banderas*? Se llevarán las manos a la cabeza y pedirán misericordia. Jamás en libro español tan opulenta catarata de americanismos, modismos, barbarismos, se volcó con tal estruendo y tan cegador cabrilleo.

Evidente, resulta México la patria de *Tirano Banderas*. Evidente, aunque no se trasluciera sino por aquellos corteses diminutivos en la expresión, compatibles con aquellos aumentativos despiadados en la crueldad; y coincidentes ambos con una falsía de carácter a prueba de bombas, muy de mexicano. *Empeñitos de Quintín Pereda*, dice el rótulo de un Montepío peor que el patio de Monipodio.

Pero Valle-Inclán no habla de México, sino de la inexistente y simbólica Santa Fe de Tierra Firme. En su calidad de narrador santafecino, terrafirmeño, no se limita a los provincialismos y modismos de tal o cual república, sino acapara en su lírico zurrón cuantos americanismos hubo a mano y los esparce a voleo, con amplio y curvo ademán de sembrador.

Zopilote, lépero, briago, chingado, gachupín, chamaco, guajolote, jorocho, guaco, son de México; *mucama, tilingo, atorrante*, de Argentina; *pendejo, bochinche*, de Venezuela; *choteo*, de Cuba; *concho*, del Perú; *roto*, de Chile.

Valle-Inclán emplea todos esos provincialismos como de Santa Fe de Tierra Firme. Esos y ciento más. A veces marida provincialismos de un país con los de otro y forma expresiones inusitadas, que serían barbarolexis si se tratase de pueblos de idiomas diferentes. Así, *platicar* por conversar, es de México, y *recién* por recientemente, de Argentina. Pues bien: Valle-Inclán, los une y dice: «Recién lo platicaba» (pág. 244). Desde ya, modismo de Bolivia y el Plata, lo alía también, si no recuerdo mal, con expresiones ajenas a esa región de América.

En Santa Fe de Tierra Firme o no existe cuño nacional o corre moneda de otros países; *soles* del Perú, *bolivianos* de Bolivia, *bolívares* de Venezuela, *sucres* del Ecuador, *balboas* de Panamá.

La racha de americanismos no cesa hasta la muerte de *Tirano Banderas* –que se parece a la muerte histórica del Tirano Aguirre–, en la última página del libro. Abran los ojos y orejas los gramáticos.

Con la *mangana*, el *chozo*, la *chapulla*, la guayabera, el *no me chingues*, los *pagos tropicales*, los *tamales*, la *moluca* y el *mitote* ya *Tirano Banderas* tiene de sobra para espeluznar a los más espeluznantes puristas. Y los puristas le darán al autor con frase queveduna, de bordonero y de gentecilla del Rastro. Pero el autor podrá responderles:

Una calentura osada
me trae con grande inquietud.
Como vos, tengáis salud
lo demás no importa nada.

Motivos y letras de España, págs. 149-157.

Un escritor de España que resucita en América

Un día, años atrás, cayó bajo mis ojos por casualidad un trabajo lleno de corazón —lleno del corazón de un hombre fuerte— donde se hablaba del dolor paraguayo: de la ignorancia, la superstición, la esclavitud de pueblos infelices, y de la explotación más exasperante y violenta del hombre por el hombre en América. El nombre del autor me era desconocido, pero había allí un hombre «transido de compasión para el dolor humano».

En principio, nada nuevo, sino el dato paraguayo, se traía a mi conocimiento. La despiadada, la inicua esclavitud del proletario indígena en toda esa infame y cruenta América esclavócrata que blasona de igualitaria, no era un secreto para mí.

La había presenciado —y combatido— en los cauchales del Orinoco, del Río Negro, del Casiquiare... En todo el Territorio del Amazonas, donde parten límites Venezuela, Colombia y el Brasil.

Conocía los horrores del Putumayo, en el Perú, llegados a tan horripilante extremo, que provocaron la protesta de Inglaterra, en nombre de la humanidad y la del pontífice de Roma, en nombre de la caridad.

No ignoraba la destrucción sistemática del indio —proletario o no— en los Estados Unidos y la imitación de tales procedimientos en la Argentina, donde a los arrasadores de rancherías se les titula «héroes del desierto».

Me constaba el drama del indígena en Bolivia: Alcides Arguedas lo pinta *d'après-nature* más infeliz que los animales de carga. Había leído la historia de México, país en donde con excepción de breve minoría, el que no es indio es mestizo, y país en el cual casi todo el mundo —comenzando por el sanguinario mestizo oaxaqueño Porfirio Díaz— ha sido lobo para el aborigen.

Recordaba que un insigne hombre bueno, en el Ecuador, don Juan Montalvo, esculpió esta frase: «Si mi pluma tuviese don de lágrimas, escribiría un libro, *El indio*, y haría llorar hasta a las piedras». Sabía que otro escritor del Ecuador, Jaramillo, ha publicado un libro de gran fuerza emotiva y convincente sobre tan luctuoso tema. No olvidaba tampoco la *Ramona* saxoamericana, novela que mereció el honor de ser traducida por nuestro San José Martí.

En suma, no desconocía que las repúblicas ultraliberales y declamatorias de la América independiente, sin una sola excepción, han sido hasta ahora tan feroces —en el sentido de explotar, envilecer y destruir por exceso de trabajo, de rigor y de injusticia a los proletarios indios, por proletarios y por indios— como los más crueles encomenderos de antaño bajo el rey absoluto.

Sabía todo eso. Pero calentaba las páginas del escritor ignoto sobre la esclavitud en los yerbales y en la vida del Paraguay tanto fervor de justicia, tanta piedad hacia los desvalidos; repercutía tan sañudo el restallar de la tralla contra los explotadores; resplandecía todo tan sincero y, literalmente, tan hermoso, que admiré a aquel desconocido.

Lo admiré por sus sentimientos en cuanto hombre y por su estilo en cuanto escritor. Busqué —y busqué en vano— otros escritos suyos. Supe que había publicado, a favor de la humanidad perseguida, *El terror argentino*, e innúmeros artículos en diarios del Plata. Se dolía de que el hombre fuera lobo para el hombre aquel cazador de lobos. «De México al Cabo de Hornos —asegura con razón— reina una tiranía de mercaderes.» Y desprecia en aquellos pueblos «el desdén del pobre, el asco del obrero, la delicia de atormentar al débil».

Lo creí paraguayo. El nombre —Rafael Barrett— no decía nada en contrario. ¡Tantos ingleses dejan su nombre y sus hijos en nuestra América! ¿No exclamaba él: «Paraguay mío», traspasado de dolor por los sufrimientos de aquel pueblo?

¿Quién era aquel Barrett? ¿Había producido algo más? Por fin me llegaron dos obras del mismo autor, ambas editadas en Montevideo. Estos libros se titulaban: *Cuentos breves*, el uno, y *Moralidades actuales*, el otro. ¡Qué dos libros tan hermosos! ¡Un escritorazo, Barrett! Ceñido en la expresión, hondo en el pensar; y con el don de extraer del hecho diario, minúsculo, ideas generales. Quise ponerme en relación con el autor y requerir su permiso y sus condiciones para publicar algún libro suyo en Madrid.

De Montevideo me escribieron sobre el autor. El hombre era una incógnita. Había muerto sin dejar familia; las obras podían considerarse como del dominio público. Se le haría un servicio a la memoria de aquel excelente y veraz escritor editándolo en Madrid y dándolo a conocer en España y el resto de América que lo ignorase. En este mismo sentido escribió a su hermano Andrés, desde el Brasil, Pedro González Blanco. Y aun agregaba que Editorial América debía publicar a Barrett.

Yo pensaba lo mismo. Editorial América publicó los *Cuentos breves* y las *Moralidades actuales*, de Rafael Barrett. Busqué alguien que pusiese algunas líneas de presentación al frente de aquellos libros. No encontré: nadie lo conocía.

Cuando aparecieron los *Cuentos breves*, un periódico de París —no recuerdo cuál en este momento— tradujo y publicó algunos de aquellos relatos, rebosantes de ciencia de vida, de amargura irónica y de hermosura literaria. Como parece que para el francés —caballero condecorado que ignora la geografía— no existe otra América sino los Estados Unidos, Rafael Barrett, de quien se publicaban las obras en una Biblioteca americana, debía de ser yanqui.

El periódico en cuestión, al publicar el cuento de Barrett, participó a sus lectores que se trataba de «uno de los más eminentes humoristas de los Estados Unidos». Escribí *in continenti* a mi amigo Manuel Gahisto, autor de la traducción, que aclarase el punto: que Barrett era americano, en efecto; pero no yanqui, sino del Paraguay.

El Paraguay, donde vivió de 1904 a 1908, tiene encima la crueldad de haberlo deportado. ¿Qué hizo allí de malo? Ser profesor de matemáticas y conferencista. Enseñar números e ideas en su cátedra y justicia social en su tribuna. También Buenos Aires le fue hostil. No le perdonaban *El terror argentino*. «La Argentina —dice Barrett— sentada sobre sus sacos de oro, ganados por el gringo, llora de ser tan hospitalaria...» El paraguayo Barrett era un español. De Madrid había salido muy a comienzos del siglo. Fue a la Argentina. A Paraguay llegó en 1904. En 1908 lo encontramos en Montevideo. A fines de 1910 muere en Arcachón. Aun no había cumplido cuarenta años. Desgraciado en todo, parece que hasta se ha perdido el manuscrito de su obra *Filosofía de las matemáticas*. Dos veces muerto.

• • •

¿Por qué tales recuerdos? Los evoca la lectura de la obra de don Armando Donoso. *La otra América*, recién editada por Calpe, y un artículo de don Ramiro de Maeztu, en *El Sol*.

Donoso, ponderado escritor de Chile, hace justicia a Barrett, informándonos de su triste vida, de su oscura muerte y de lo sincero y bravo de aquel espíritu. Maeztu, por su parte, cuenta la infamia que lo condujo a las rutas de América. Rafael Barrett, hijo de inglés, era español, de Algeciras, asegura Donoso; de Santander, cree Maeztu. Me inclino al parecer de Donoso, autor que procura siempre informarse concienzudamente antes de emitir opinión. Y además, porque su madre era andaluza y no castellana.

El estudio que se consagra en *La otra América* a Rafael Barrett, aunque fragmentario, pone de relieve a este artista, a este pensador. En América, donde los más viles o mediocres gacetilleros suelen adinerarse con el editorial ampuloso en que se adula a los mandones o las croniquillas insubstanciales donde se halaga la vanidad de cada país o se disculpa la insolencia de poderosas empresas, Rafael Barrett, escritor de primer orden, vivió muriéndose de hambre y echándose encima el odio de todos.

No cejó nunca. Fue, como refiere Donoso, «el caso insólito de un hombre que ha hecho sentir la cabal conciencia de la dignidad humana. Nada temió perder ni aguardó nada»... «El solo recuerdo de la vida de Rafael Barrett constituye su mejor elogio.» «Pensó en la imposibilidad de aguardar el advenimiento de la justicia entre los hombres»; pero, «rústico, violento, ásperamente primitivo, siempre dejó oír la voz destemplada de un hombre evangélico arrebatado por las exaltaciones de un nuevo Ezequiel.»

Nadie sintió más el dolor ajeno; nadie hizo más por consolarlo y por destruirlo. Su primer grito era de conmiseración; el segundo de admonición y de combate.

En sus conferencias a los obreros paraguayos les dice un día: «Donde la mujer no es respetada ni querida, no hay patria, libertad, vigor ni movimiento...». «Prostituta, hermana nuestra...» «Piedad para las mujeres pobres... Si las abandonáis, abandonaréis el mundo a la casualidad; y la casualidad no tiene miras... Amad y seréis divinamente compasivos.» Y también: «debajo del mal está el bien; y si no existe el bien lo haremos existir y salvaremos al mundo, aunque no quiera».

«Hay algo más terrible que conquistar la naturaleza; conquistar el hombre. Para el capitalista la mujer es sencillamente una bestia más barata que el hombre, y el niño una bestia más barata que la mujer.»

Ante la resignación del borrego humano se indigna el hombre justo: «Jamás leemos en los diarios uno de esos buenos homicidios que refrescan el alma».

Un día lo ponen preso en su casa, con un centinela en la puerta. Barrett le escribe una carta al juez; carta modelo de ternura hacia el infeliz centinela, de energía hacia el juez de los capitalistas y de generosa doctrina de un socialismo digno de Jesús. El preso, el injustamente condenado por usted —dice Barrett, más o menos, al funcionario— es el pobre hombre condenado, en mi puerta, a la intemperie. Yo, no. Yo estoy en la comodidad de mi casa. Usted obra así porque yo soy un burgués y el centinela un desvalido. Usted juzga solo a favor de los burgueses, contra los proletarios. Por culpas mías, si las hay, castíguenme a mí y no a ese pobre soldadito.

Jamás en pecho humano hubo mayor desbordamiento generoso, humanitario, ni más energía para sufrir, ni más altivez para desafiar a los fuertes en nombre y en servicio de los débiles. Un día un oscuro tiranuelo lo amenaza, revólver en mano, con hacerlo tragarse un papel que Barrett había escrito. «Lo creía a usted todo menos cobarde», fue la respuesta estoica de Barrett. El hombre lo dejó ir tranquilo. Personaje quijotesco, apostólico, de la familia moral y desinteresada de San Francisco, de Jesús, pero con más energía y sin esperar nada de ningún Dios.

En América nadie le tendió la mano sino José Enrique Rodó, que era hombre para comprenderlo y estimarlo. También —recordémoslo— el poeta uruguayo Frugoni. Tal vez conoció en Argentina a Palacios, a Ugarte, a Alberto Ghiraldo, revolucionarios y escritores como él; pero en general, el medio le fue hostil. Hoy la Argentina, tierra generosa, le ha hecho justicia por pluma del escritor socialista Álvaro Yunque, al cual debemos un magnífico folleto sobre Rafael Barrett.

Vivió errante, triste, pobre, pasando su tuberculosis y su máscula hombría de bien de país en país. No tuvo más escarcela que su pluma de periodista, comentadora de la vida cotidiana. De su contacto con la vida de todos los días nacieron sus *Moralidades actuales*. ¿Cuántos periodistas de nuestra lengua, ya en América, ya en España, serían capaces de libro semejante?

Luego he sabido, por Donoso: tuvo un hijo en su mujer paraguaya. Parece que adoraba a su hijo, de quien la enfermedad primero y la muerte después, iban a separarlo. Dejó trabajos inéditos. El hijo de aquel ácrata se ha hecho soldado en la Argentina. No lo culpemos: hay que comer. Solo son superiores a la comida las naturalezas heroicas como Rafael Barrett.

Enfermo y pobre se restituyó en Europa, a ver de curar.

«Cuanto más segura se acercaba la hora inevitable, más sentía él la necesidad de vivir.» «Iba con su valija apretada de originales.» Rodó le ayudó a conseguir, para el viaje en pos de la vida, unos tristes dos mil pesos. Se fue a Arcachón. «Una mañana, en su precario cuarto de alquiler, lo encontraron rígido.» Era el 14 de diciembre de 1910.

«Se necesita tan escasa energía para mover la pluma que escribiré hasta el fin», había dicho él. Así fue, agrega Yunque. La vida y la obra de Barrett esperan una gran pluma que, en estudio dilatado, las comente.[36]

Pobre Barrett, «sobre cuya memoria pesa un silencio preñado de cobardías», concluye Donoso.

• • •

La nube de cobardías empieza a disiparse.

El tiempo y hombres de buena voluntad reivindican poco a poco la memoria y actuación intelectual de aquel hombre, que pareció haber nacido bajo el signo de Saturno.

Maeztu mismo, escritor burgués, impermeable a toda sensibilidad, panegirista y servidor de dictaduras militares, contribuye a la reivindicación, aunque su propósito, al recordar a Barrett, sea muy otro: de simple cronista. Lo pinta como hombre físicamente bello. Aquel joven alto, rubio, tan bien apersonado, «hubiera podido servir —dice— para modelo de un Apolo romántico».

Figuró Barrett en los círculos de la aristocracia desde su arribo a Madrid. Demasiado soberbio, no consintió en venderse a alguna señorita ricachona; pero las damas lo miraban con ojos golosos. Era el señor y dueño de las sonrisas femeniles. Los hombres, naturalmente, le declararon la guerra. Belleza, inteligencia, altivez, juventud, salud...: era demasiado. Debía caer el Apolo romántico.

¿Cómo desprestigiarlo?

---

36 El folleto de Álvaro Yunque acarrea materiales para esa futura estatua o biografía crítica.

Sordos rumores anónimos empezaron a correr. El Apolo era casi una Venus. Barrett, un anormal, vicioso contra natura. Entonces aquel joven impetuoso, leal, quiso cobrar caro, por sí mismo y de manera insólita, la ofensa inmerecida. Hizo reconocer su masculinidad por varios próceres del protomedicato madrileño, y con su certificado en el bolsillo buscó al duque a quien creía divulgador de la calumnia, le restregó el papel en los hocicos y le cruzó el rostro a fuetazos. Le estuvo dando hasta que se le cansó el brazo.[37]

Después se ausentó de España para siempre. El nombre de España nunca volvió a su boca ni a su pluma con resonancia de simpatía. Aun a los autores de España los cita, cuando no puede menos, con evidente repugnancia.

Se había repetido en la Península el caso del *Quijote*: los duques haciendo befa del ideal.

¡Parece mentira que tan nauseabundas y desleales tretas prosperasen en las más brillantes zonas de una sociedad culta, con acendrado espíritu crítico! Armas de tal jaez debieran ser patrimonio exclusivo de aquellos pueblos de América de más refinada barbarie. Allí donde la política lo envenena todo, incluso el hogar, y se atreve a todo, incluso el honor.

¿No se vio años atrás en alguna de esas barbarocracias a envilecidas plumas de alquiler al servicio de un tirano, escribir un folleto anónimo; al gobierno de la república imprimirlo en la Imprenta Nacional, y a ministros diplomáticos, cubiertos de condecoraciones, repartirlo profusamente en el extranjero? Y todo, ¿Para qué? Para calumniar, como a Barrett, a hombres puros, a enemigos intachables, de vida diáfana, de existencia y de sacrificio y altivez. A hombres a quienes nada pudiera reprocharse ostensiblemente; los mejores entre los buenos, la flor de la tierruca.

La justicia tarda; pero al fin llega. Ya apunta para Rafael Barrett. Plumas honradas se emplean en acelerar el advenimiento del resplandor justiciero.

---

37   Debo reconocer en esta nota que mis informes, en lo que respecta a pormenores del incidente, no eran exactos. Primero, me lo hizo saber por carta nuestro ilustre compañero en la prensa de Madrid don Álvaro Alcalá Galiano. Después, el anciano duque de Bivona me hizo el honor de venir a casa con documentos y explicaciones convincentes. El duque de Arión, hombre vigoroso y enérgico, atacado por Barrett en un teatro, se defendió con gallardía y devolvió golpe por golpe, no quedando a deber nada. Esa es, según el testimonio de personas veraces, la exactitud de lo ocurrido. Me complazco en reconocerlo por amor de la verdad y en obsequio del duque de Arión.

Desde Abel hasta Juana de Arco, y desde Juana de Arco hasta Barrett, la historia es la misma. Primero, la quijada del asno, la hoguera, la calumnia... *Les plus grands hommes d'unes nation sont ceux qu'elle met à mort*,[38] ha escrito Renan. Después, aunque a veces muy tarde, el homenaje de admiración y reconocimiento para los que fueron seres de virtud, seres de veracidad, seres de sacrificio, naturalezas heroicas.

Motivos y letras de España, págs. 205-217.

---

38   Los más grandes hombres de una nación son los que ella entrega a la muerte. (N. del E.)

Sarmiento[39]

Carácter del personaje

Sarmiento pasa por el primer escritor de la República Argentina y el *Facundo* por la mejor obra de Sarmiento.

Ignoro hasta qué punto exista unanimidad en semejante apreciación; pero a no dudarlo, la mayoría de argentinos letrados considera a Sarmiento como el escritor nacional por excelencia, y el *Facundo* como la obra capital de ese escritor. *Anche io sono pittore*, podría exclamar, si viviese, y repitiendo al Corregio, otro polígrafo argentino: Alberdi. En todo caso, hay puesto en la historia para Corregio y para Rafael, para Alberdi y para Sarmiento.

Fuerte prosista, en realidad, el de *Facundo*. Posee del escritor de raza la luminosidad, la frase espontánea, armoniosa y de relieve; la pasión, que presta calor a los períodos; la memoria, para que acudan a la pluma sin rebusco, la anécdota pintoresca, la cita oportuna, el recuerdo vívido. Posee también la virtud más valiosa en literatura, después del don de pluma: la sinceridad, aunque con los años ésta se hará cada vez menor, hasta llegar en su última obra, *Conflicto*, a adulterar adrede la historia de América. Pero en *Facundo* es sincero, verídico. No disimula con velos o paráfrasis ni su pensamiento ni su expresión. Dice lo que piensa, y lo dice con audacia.

Como es el suyo temperamento sanguíneo, habla con fuego, con vigor, a veces con grosería. El hombre de la provincia, mal desbastado por roces

---

39 El año de 1908 conocí, en Ámsterdam, a Augusto Belin Sarmiento, cónsul argentino, y a su hermana Eugenia, nietos del prohombre y civilizador rioplatense. Los lunes nos reuníamos, en casa de los Belin Sarmiento, mi hermana Isabel, dos hermanos míos y yo. Otro día de la semana venían los Belin a nuestra casa. El culto de Sarmiento se mantenía vivo en aquel hogar argentino. En el salón de nuestros amigos admiré un retrato del leonino apóstol, hecho por la nieta. En el despacho de Augusto ocupaban toda la estantería las obras de Sarmiento, en edición oficial, si no me engaña el recuerdo, y dirigida por el propio nieto. Eran cuarenta o más volúmenes en 4.º Belin Sarmiento viajaba tranquilamente con aquella formidable librería. ¡Milagros del afecto! Belin nos leía a menudo deliciosas y vigorosas páginas del abuelo, y sazonaba su abundante y amena charla con anécdotas y ocurrencias del prócer, o respecto a él. Entonces conocí las obras del formidable polígrafo rioplatense, aunque con franqueza confieso no haberlas leído ni oído leer todas. ¡Lo siento ahora que estoy rindiéndole este homenaje, y sé, por experiencia, cuán difícil es, fuera de la Argentina, dar con ellas!

ciudadanos, descúbrese en este Hércules que en mangas de camisa grita de voz en cuello cuanto le pasa por la cabeza. ¿Qué lo escuchan damiselas remilgadas, jamonas pudibundas, doctores académicos, señoritos de mírame y no me toques? Se le dan tres pitos. Dice lo que tiene que decir con sus bramidos y sus fuerzas de toro. Pueden aplicársele aquellas palabras que aplicó él a *Facundo* Quiroga: «Es el bárbaro que no sabe contener sus pasiones». En el instante que opina cree lo que opina y lo externa sin miramientos a su país, a su partido, a sus antiguos pareceres. «Si levantáis un poco las solapas del frac con que el argentino se disfraza —dice— hallaréis siempre al gaucho más o menos civilizado, pero siempre el gaucho.» Mañana rectificará lo que hoy piensa, si mañana piensa distinto, y andando.

«La idea sola del disimulo me indigna», asegura en los *Recuerdos de provincia*. Pero no se crea que este ímpetu de escritor, esta sinceridad literaria colide en Sarmiento con el oportunismo político. No colide. Así, por ejemplo, cuando en 1840, pobre, desvalido, emigra por segunda vez a Chile, buscando vivir de lo único que posee, la pluma, se aboca con los liberales de Santiago, vencidos. Estos le ofrecen una plaza de redactor en un órgano de oposición. Sarmiento exige ocho días para reflexionar. Entretanto se entiende con los gobernadores conservadores y empieza a servirlos en la prensa contra los liberales. De entonces datan sus relaciones con don Manuel Montt, el estadista conservador, que lo acogió con benevolencia, lo protegió con largueza y supo estimarlo en lo mucho que Sarmiento valía. La grave figura de Montt, el emigrado la abocetará más tarde, en los *Recuerdos de provincia*.

Rebosante de salud y con exceso de sangre, de vida, Sarmiento, hombre de pasiones sueltas, fue contradictorio, excesivo, fuerte, vital.

Mentiroso a veces, por exagerado, afirma en sus *Recuerdos* que aprendió el francés en cuarenta días, con un soldado de Napoleón, «que no sabía castellano y no conocía la gramática de su idioma». «Al mes y once días —agrega—, al mes y once días de principiado el solitario aprendizaje, había traducido *doce* volúmenes.»

En cuanto al inglés, asegura que lo estudió «en Valparaíso, en 1833, mientras servía como dependiente en un comercio y ganaba una onza mensual». Lo aprendió «después de mes y medio de lecciones».

Y no se crea que su aptitud para las lenguas lo convirtiese en fenómeno. Porque, «catorce años —confiesa luego en el mismo libro— he puesto
después de aprender a pronunciar el francés, que no he hablado hasta
1846, después de haber llegado a Francia».[40]

Naturaleza de extremos, Sarmiento perora, escribe, habla con exageración. Ese entusiasmo, ese exceso de vitalidad, esa fuerza que no mide su
empleo, constituyen a Sarmiento, como a todo el que posea semejante stock
de potencia, en fogoso energético.

«Las cosas hay que hacerlas, aunque salgan mal», exclamó una vez; y
poniendo por obra su apotegma, siempre escribió, cuando tuvo que escribir,
aunque del árbol brotasen más bien hojas que frutas, o solo frutas pintonas.
Por eso escribió tanto. Por eso en las obras de este polígrafo existen tantas
páginas efímeras, tantas páginas de periódico. Por eso tan gallardo prosador
cae a veces en lo cursi: «Antes de tomar servicio, penetra tierra adentro a
visitar a su familia, a su padre político, y sabe con sentimiento que su *cara
mitad* ha fallecido».

Sus contradicciones ideológicas son de mucha cuenta, ¿no resulta este
escritor positivista, cuando menos se piensa, providencialista anacrónico?
«Algo debe haber predestinado en este hombre», exclama de un jefe argentino; y de Facundo: «La destrucción de todo esto le estaba encomendada de
lo Alto...», y otra vez: «La Providencia realiza las grandes cosas por medios
insignificantes e inadvertidos». Y otra vez: «No se vaya a creer que Rosas
no ha conseguido hacer progresar a la república que despedaza, no; es un
grande y poderoso instrumento de la Providencia, que realiza todo lo que
al porvenir de la patria interesa». «Este suceso, que me ponía en la imposibilidad de volver a mi patria, por siempre, si Dios no dispusiese las cosas
humanas de otro modo que lo que los hombres lo desean...»

Así este hombre que parece un sociólogo de la pampa, un Buckle del
desierto, un Taine de Gauchópolis, un hombre de ciencia, un positivista,
concluye por pensar como De Maistre y escribir como Bossuet.

---

40   Las citas de los *Recuerdos de provincia* son tomadas de la edición popular de *La Nación*,
      Buenos Aires.

Andando el tiempo, ya en vejez querrá seguir las huellas de Spencer; pero no abandonará su providencialismo ni aceptará la teoría evolucionista de Darwin.

En cambio, ¡cuántos relámpagos adivinatorios! Su espíritu no procede por raciocinios lentos, ni por deducciones lógicas, sino que presiente la verdad y exclama: «Allí está». Procede como el perro cazador que olfatea la presa y se embosca en la espesura, obediente al instinto, latiendo, latiendo; y por allí, en efecto, anda aquella pieza que busca, y que no ha visto.

En la época de Sarmiento pocos hombres recibían en América sólida instrucción universitaria. Él no fue excepción. Tampoco vivía en capital con bibliotecas y otros medios de cultivar su espíritu.

Hasta salir de su San Juan nativo, no había leído, lo confiesa, sino los tristes libros de una triste biblioteca, en una triste capital de provincia. Como fue aprendiendo a la ventura, según le iban cayendo libros en las manos, y como siempre opinó sin vacilaciones, ni dudas, ni medias tintas —obediente a su naturaleza bravía—, lanzó absurdos aforismos de una ignorancia que se ignora a sí misma: «Las novelas han educado a la mayoría de las naciones». Era la época del romanticismo y sus novelones.

Y Sarmiento fue un romántico; un romántico temperado, eso sí, por tremendas realidades de la vida argentina en aquella época: tiranía sangrienta de Rosas, incultura ambiente, destierro, miseria, lucha por la libertad y por la vida. Buen romántico, fue improvisador; pero como tuvo la curiosidad intelectual, Sarmiento iba nutriendo su espíritu, aguijoneado por deseo de saber y por deseo de enseñar, es decir, de desbarbarizar a su pueblo. Un hado benéfico hizo que en 1838 enseriara sus flacas lecturas primerizas, deparándole a Pierre Leroux, entonces muy a la moda; Jouffroi, Villemain, quizás Tocqueville, al través del cual conoció y admiró a los Estados Unidos.

Es necesario insistir en esto: siempre tuvo el ansia de saber por saber y por enseñar, y una maestrescolía aguda, que en ocasiones lo empuja a los bordes del ridículo. Así multiplica, aun en sus mejores libros, lecciones de este jaez: «Las columnas de Hércules (Gibraltar hoy); Libia (África); Verónica quiere decir verdadera imagen»; «el sánscrito, que es la lengua que hablaron los dioses de la India»; «la alhucema, de que se extrae el agua de lavanda»; «penumbra, que señala el límite de la luz y de la sombra»; «Stanley, el heroico repórter del *Herald*, diario por excelencia de Norteamérica»; «la propiedad, que es la base de la sociedad». Podrían citarse mil ejemplos.

Ese mismo Sarmiento que asegura que las novelas han educado a las naciones, se preocupó, como nadie, de la instrucción, repito; fue durante mucho tiempo maestro, representa en la cultura argentina uno de los más macizos pilares de la educación popular; y cuando no enseñó desde la cátedra del maestro, divulgó desde la tribuna del periodista.

Empleó siempre su vitalidad superabundante en divulgar, en cultivar, en enseñar. Político, guerrero ocasional, propagandista constante, no fue con todo, por vocación, sino maestro: maestro de escuela en los planteles de educación y maestro de escuela nacional en los periódicos.

Fue, de veras, el maestro de escuela de la república Argentina.

No tuvo la paciencia del sabio, sino la vehemencia del apóstol. Pedagogo, fue el combatidor que en nuestros días, y mayormente en las democracias americanas del siglo XIX, urgidas de enseñanza, en nuestras sociedades en embrión, suele llamarse periodista. No busquéis en él obras de meditación, de largo aliento; aunque las ensayó, no pudo escribirlas: trabajó siempre improvisando, vertiendo en la noche la experiencia de la tarde y la lectura de la mañana, tras un rápido proceso de asimilación.

¿Qué son sus libros sino enormes editoriales? El mejor de ellos, *Facundo*, ¿no apareció día a día en un periódico de Chile? Su obra entera ostenta un sello de efímero diarismo. Hasta cuando fue presidente de la República escribió para los periódicos, a semejanza de Bolívar, que, César de medio mundo, enviaba muy a menudo su editorial a las gacetas como un simple gacetero.

Obedecían ambos al afán de redimir por el pensamiento. ¡Varones apostólicos!

• • •

Sarmiento declara, sin tapujos femeniles y ridículos, que le faltó una cultura fundamental desde el principio de su carrera. «Si me hubiese preguntado a mí mismo entonces (1840-41) si sabía algo de política, de literatura, de economía y de crítica, habría respondido francamente que no.» Aunque, en rigor, lo que Sarmiento confiesa no es el ser ignorante, sino haberlo sido.

Pero aunque no dispusiésemos de esta sincera confesión de los *Recuerdos*, tampoco nos llamaríamos a engaño. El más superficial espíritu de comprensión bastaría para orientarnos.

En una reciente biografía de cuarenta y ocho líneas, leo: «Nació en San Juan el 15 de febrero de 1811. Aprendió primeras letras en la Escuela de la Patria; en 1821 no consiguió una beca para el Seminario de Loreto, de Córdoba; circunstancias adversas impidiéronle continuar sus estudios... En 1826 se dedicó a enseñar». Lo que vale decir, recordando al clásico: «Deja fray Gerundio los estudios y se mete a predicador».

Sarmiento, como fray Gerundio, abandona los estudios para endoctrinar a los demás. Toda su vida hará lo mismo. Pero, en resumen, ¿fue ignorante Sarmiento? No; todo lo contrario: supo demasiadas cosas, como buen periodista. Pero a menudo aprendió a la carrera y mal. Su talento suplía a las deficiencias y rellenaba los vacíos con suposiciones, a veces felices. Tipo del criollo bien dotado, asimilador y brillante, su saber fue la ciencia del hispanoamericano durante casi todo el siglo XIX: superficial, de relumbrón, ciencia que se asimila a maravilla exterioridades de la cultura extranjera, sin crear una original cultura propia.

Sarmiento comprende desde temprano que español solo, por único vehículo intelectual, no basta a su hambre de saber y a su curiosidad de espíritu. Y se puso a aprender lenguas.

Bien o mal, estudia, no solo francés para leer, sino algo de inglés. Con semejantes instrumentos de cultura en la mano empieza a abrirse camino y a apacentar su espíritu en fértiles lecturas. Lo va descubriendo todo con ingenuos ojos de niño; todo lo revela y lo comenta, como si él solo estuviese en autos. Es verdad que discurría ante un público de animales: gauchos cerriles, araucanos de guayuco en el cerebro, bachilleres intonsos, ahítos de latín y de estupidez: la Argentina de la época, el Chile de ese tiempo, nuestra América pintoresca, que no ha hecho hasta entonces en letras, sino dormir y aprender demagogia o teología.

Cuando va a los Estados Unidos lee, si ya no lo conoce, a Tocqueville y a los políticos y pedagogos angloamericanos. Se vuelve un yancófilo entusiasta.

Los Estados Unidos fueron hasta la primera guerra de México un pueblo sin ambiciones militaristas ni imperialistas, el modelo y el hogar de la libertad civil. Toda la América del Sur los admiraba con el mismo fuego con que hoy los detesta por sus elecciones fraudulentas, por sus trusts, por su *Tammany Hall*, por su liviandad en las costumbres femeninas, por la mala fe de su comercio, por su ridículo palabrero y simbólico coronel Roosevelt, por su diplomacia en mangas de camisa, por sus profesores de universidad que escriben sobre cosas de Hispanoamérica con supina ignorancia, por su voladura del *Maine*, por su secesión de Panamá, por su captación de las finanzas de Honduras, por su adueñamiento de las Aduanas de Santo Domingo, por la sangre que vertieron y la independencia que anularon en Nicaragua, por las revoluciones que fomentan en México y su desembarco en Veracruz, por su reclamación de bolívares 81.500.000 a Venezuela, cuando en realidad no se le debían sino 2.281.253, que le reconoció un árbitro extranjero, por su reclamación Alsop a Chile, por sus mal encubiertas miras sobre las islas Galápagos del Ecuador y las islas Chinchas del Perú, por su afirmación diaria de que las estadísticas argentinas no merecen crédito, por la pretensión de impedir que el Brasil valorice como a bien tenga sus cafés, por el acogotamiento de Puerto Rico, por su enmienda Platt a la Constitución de Cuba, por haber convertido adrede sus cables y sus periódicos en oficina de descrédito contra todas y cada una de las repúblicas de América, por su imperialismo agresivo, por toda su conducta, con respecto a la América, de medio siglo a esta parte.

Pero en tiempos de Sarmiento, los liberales de América y muchos conservadores volvían los ojos al Norte, con un candor, con una incompresión, con una miopía que manifiestan más entusiasmo que buen juicio. El educador argentino fue de ese número. Le faltó el genio para sondear el porvenir y conocer el peligro yanqui. No comprendió el odio de esa raza a la nuestra. No penetró que el problema de ambas Américas se reduce a esto: un duelo de razas. Leyó y citó a mucho angloamericano. En 1883 hasta se le acusó, no sin visos de verosimilitud como se verá adelante, de haber coincidido más de lo deseable con una obra de autor estadounidense. Murió yanquizante furibundo.

La vanidad también fue flaqueza de Sarmiento.

Se creía capacitado para descubrir la clave del destino de América con solo la lectura del algunos autores de cuenta, el viaje por varias capitales del continente y sus famosas amistades de primo-cartelo. Así escribe en sus últimos años:

«Podría un suramericano presentar, como una capacidad propia para investigar la verdad, las variadas y extrañas vicisitudes de una larga vida, surcada su frente por los rayos del Sol esplendente de la época de la lucha por la independencia o las sangrientas de la guerra civil; viviendo tanto en las capitales de Suramérica como al lado de la cúpula del Capitolio de Washington; y en la vida ruda de los campos, como viajero soldado; y en los refinamientos y con los grandes escritores y hombres de Estado; y lo que es más, nacido en provincia y viviendo en las cortes, sin perder, como se dice, el pelo de la dehesa, como se preciaba.»

En esta hora, en esta página de senectud, solo arrogancia y vanidad quedan en pie; pero hasta el lenguaje ha perdido su fulguración, su filo, su ímpetu. El viejo león se arrastra.

Sin embargo, casi casi se declara genio. Lo han creído bajo la fe de su palabra.

A cada momento nos encocora, cuando no con citas de autores extranjeros, cuyos nombres escribe a menudo con ortografía disparatada, con sus amistades de personajes. En los *Recuerdos de provincia*, en su carta a la vieja esposa de un pedagogo yanqui, en artículos, cada vez que la ocasión se presenta, nos abruma, el cándido, con sus relaciones, que parece exhibir como una condecoración. Era una especie de rastacuerismo; el rastacuerismo en esa forma *sui generis*, más humilde en el fondo que orgulloso.

Sus recuerdos personales de vanidad hasta los interpola en paginas de obra seudocientífica como *Conflicto*.[41]

Petulante, siempre lo fue Sarmiento: mientras menos supo, más gala hizo de saber. Andando el tiempo, la fácil ciencia de las citas fue abriendo plaza a pretensiones más universitarias. Ya en Chile trató de rivalizar con Bello. En su madurez hasta quiso escribir una filosofía de la historia americana: era

---

41   D. F. Sarmiento, *Conflicto y armonías de las razas en América*, ed. de Buenos Aires, 1915, pág. 314.

hombre para tanto, de poseer base más sólida de adecuados conocimientos previos.

Como aprendió francés de mozo, la influencia francesa, en tal período juvenil, máxime la de escritores románticos, fue soberana, si bien se conoce que leía con más facilidad en lengua de Castilla y que ahondó en los clásicos de nuestro idioma, a quienes nunca menciona.

¡Qué odio a España el suyo! ¡Qué odio a todo lo que huela, en instituciones, costumbres, letras, a español! ¡Qué odio tan irreductible, tan inapelable, tan agresivo, tan injusto, tan tremendo, tan odio!

Se calla, desaparece en ocasiones para emerger –como ciertos ríos que corren un trecho bajo tierra– un poco más adelante.

Conflicto y armonías de las razas en América, es en este punto un monumento: un monumento de abominación. Para Sarmiento la inteligencia se ha atrofiado en el español, por falta de uso. Ni en materia de arte le da cuartel a España. Es una guerra a muerte, peor que la de 1813 y 1814.

«Uno de los más poderosos cargos –dice– que como publicistas argentinos hemos hecho siempre a la España, ha sido habernos hecho tan parecidos a ella misma (*Conflicto*).» Sin embargo, su prosa, aunque bajo el influjo francés, tiene abolengo español.

Facundo

El *Facundo*, la biografía de Juan *Facundo* Quiroga, por Sarmiento, no puede tal vez parangonarse, dentro de la literatura americana de promedios del siglo XIX, sino con la *Biografía del general José Félix Ribas*, por Juan Vicente González.

Ambos escogieron como centro del cuadro de barbarie que pintan la figura de un hombre: el argentino, la de *Facundo*; el venezolano, la de Ribas. Y no sabe uno con qué cuadro quedarse, si con aquel de los beduinos de la pampa, donde se ven las campiñas del Sur nadando en sangre, o con el que describe las blancas pirámides de osamentas que dejó *la guerra a muerte* en los campos del Norte.

Temperamentos románticos, ambos fueron juguete de sus pasiones, y por cálidos chorros de elocuencia manaba la pasión de su pluma. Ambos fueron diaristas y maestros toda la vida. Ambos pronunciaron tremendas palabras; ambos combatieron contra la tiranía y lucharon por desbarbarizar a sus respectivos pueblos. Hombre más práctico, Sarmiento figuró más en la política; hombre de miras más vastas, trabajó mejor por la cultura de su país; hombre de más ideas, le fue superior. Juan Vicente González, en cambio, en cuanto prosador, supera con mucho a Sarmiento. Hasta en las mejores obras de Sarmiento resalta a veces, la pedestría del periodista; hasta en los más efímeros editoriales de Juan Vicente González surge siempre el Júpiter de la expresión.

Confieso que nunca leí novela que me interesase como *Facundo*, de Sarmiento. Ignoro si en los europeos producirá la misma impresión. Este libro cautiva tanto más a un americano por cuanto representa aspectos de nuestra vida que tienden a extinguirse y conserva retratos de tipos que se van.

Me refiero mayormente a la primera parte, a aquella donde evoca Sarmiento con pluma de maravilla la pampa, la pampa inmensa con sus figuras características.

Y tal vez la circunstancia de ser yo venezolano, es decir, nativo de un país de pampas, de un país con cientos de leguas de llanuras, y aun el haberlas cruzado en parte, contribuye al encanto que me produce esta primera parte de *Facundo*.

¡Qué semejanza, no solo en la estructura física del terreno, sino en los hombres que produce!

El baquiano: así también se llama entre nosotros este hombre brújula que conoce rumbos ignotos, ya en la inmensidad de la pampa, ya en el laberinto de los bosques; el cantor —creí que se llama payador en Río de la Plata— equivale a nuestro cantador venezolano de corridos y galerones. Corrido, ¿no se nombra en uno y otro pueblo al poema narrativo de andanzas llaneras?

Y ¿qué viene a ser el gaucho argentino sino el llanero de nuestra patria, aquel llanero épico de las Queseras que en número de ciento cincuenta lancea y destroza a mil jinetes europeos, en presencia del ejército de Bolívar y del ejército del Rey? ¿Qué viene a ser el gaucho sino el llanero venezolano en que río Arauca y en el Caura tomó embarcaciones a caballo; el centauro prodigioso con la lanza y el potro, cuyas catorce cargas consecutivas en la sabana de Mucuritas contra las infanterías recién llegadas de Europa asombraron a los jefes españoles? El gaucho de Sarmiento, el gaucho del valiente Quiroga y del cobarde Güemes, el gaucho argentino, aunque en los días de la independencia no realizó como elemento organizado de un ejército regular o irregular las múltiples proezas fabulosas de nuestro llanero, es el hermano gemelo, el hermano del Sur de aquellos pampeanos nórdicos de quien el general Morillo, el héroe de Vigo, del Bidasoa, que penetró un día con sus legiones triunfadoras en tierra de Francia, exclamó: «Dadme cien mil llaneros y me paseo por Europa en nombre del rey de España».

El sitio donde el gaucho del Sur y el llanero del Norte se esparcen y emborrachan lleva el mismo nombre americano: la pulpería. El propio cuchillo, inseparable de los gauchos, la trompa del elefante, como dice Sarmiento, ¿no equivale a la ancha hoja de acero de tres cuartas, al machete, que no abandona jamás, ni para dormir, el campesino de Venezuela? Ese *gaucho malo* que en su caballejo pangaré se pierde, huyendo en la pampa, sin que los mejores jinetes logren alcanzarlo, me recuerda una página que he leído en las *Memorias* de alguno de aquellos oficiales de la legión británica de Bolívar.

Cuenta el inglés que en San Fernando de Apure, un día, frente al ejército acampado, trajeron a un oficial español preso. Páez lo iba a poner en libertad; pero quiso antes divertir a su público. Entregó el mejor caballo al prisionero, y montando él la bestia despeada del europeo, le dijo a éste:

—Bueno, señor oficial, queda usted libre; váyase a reunir con su gente. Pero trate de huir pronto, porque yo mismo voy a perseguirlo dentro de un rato, y si vuelve a caer en nuestras manos, aquí se queda.

Partió el oficial en su caballo, veloz como una ráfaga. Momentos después salió Páez en el cuartago maltrecho. Al cabo de una hora o dos regresaba al campamento, trayendo al oficial prisionero.

Destreza de jinete semejante a la destreza del *gaucho malo* de Sarmiento.

• • •

¿Y *Facundo*? ¿Qué es el *Facundo*? Es una obra de odio político realizada por pensador instintivo de talento máximo, que sobre lo pasajero del hombre y del sistema a quienes clava en la picota estudia el medio físico y social donde sistema y caudillo florecían como producto natural de aquella tierra y de aquella sociedad.

Tal resplandece hoy a nuestros ojos el mérito de *Facundo*. Y ese mérito elévase en potencia cuando uno recuerda que *Facundo* apareció en 1845, en un extremo de la América cerril y caudillesca, y que fue obra de un simple periodista, de un hombre que salía de una provincia mediterránea.

Como obra política, diatriba interminable. Empieza denigrando a Quiroga y termina conminando a Rosas.

Como obra exclusivamente literaria, nada más viviente, más bello, más feliz que las pinturas de la pampa, con sus tipos característicos. Son páginas, en su género, clásicas. Pasarán los años; la modalidad de civilización o el aspecto de barbarie que ellas esbozan habrá desaparecido, y esas páginas de Sarmiento quedarán en pie, como blancas estelas de mármol que señalan el sitio donde reposaron un día despojos humanos que el tiempo convirtió en ácido carbónico, en agua, en polvo, en humus, y ya no existen. La pintura de la naturaleza tucumana «el edén de América, sin rival en toda la redondez de la tierra», mezcla sus tonos sombríos y majestuosos a tonos claros y alegres en la más graciosa sinfonía de colores. Nos tropezamos a veces con un jardín donde el mirto de Venus crece entre apolíneos laureles; a veces con bosquecillos de tanto hechizo como aquellos solemnes bosques de Tucumán, en donde los cedros odorantes abovedan las copas, entretejiendo sus ramas con las elásticas frondas del caobo y del nogal.

Como obra histórica es demasiado pintoresca y demasiado pasional, carece de documentación básica, y las mentiras, las exageraciones, las omisiones se cuentan por las páginas.

Como biografía, aunque interesantísima, amena, reveladora. Flageladora, epopeya y novela a un tiempo, es tan absurda y monstruosa como aquellos tiarados animales de Persia con cuerpo de toro y alas de cóndor.

Divídese la obra en tres partes; la primera, que esboza el aspecto físico de la pampa argentina y sus tipos; la segunda, única en donde se trata de *Facundo* Quiroga, y la tercera, que no tiene nada que hacer con el héroe malvado y se contrae a Rosas, al desgobierno de Rosas, a proyectos de revolución contra Rosas y a planes de gobierno reivindicadores.

Muere *Facundo* Quiroga en la segunda parte, queda muerto y enterrado, ajusticiado el matador del bandolero, cree uno que va a terminar la obra; en realidad concluye, y Sarmiento continúa, continúa, continúa. ¿Con *Facundo*? No. Con Rosas. Es otro libro, otra biografía, otro libelo, otro proceso. Es la continuación, en páginas pedestres, del volumen sobre Quiroga: es el *Rosas* después del *Facundo*.

Eso prueba dos cosas: abundancia, es decir, talento; mal gusto, es decir, falta de medida. En la parte consagrada a Rosas el estilo decae, la declamación estorba, el odio ciega. Paletadas y paletadas de vacua literatura de editorial opocisionista reemplazan los maravillosos cuadros del verdadero *Facundo*.

Acaso las tres partes de la obra se juntan entre sí por hilo sutilísimo: en la primera parece el medio físico y social que produce al hombre de la segunda parte, a este hombre, no casualidad, sino exponente de barbarie, síntoma de una enfermedad social que se agrava y culmina en aquel Rosas del fin.

Considerado así el *Facundo* con un poco de buena voluntad, nos encontramos en el disparadero. Hay que tomarlo como ensayo sociológico.

¿Es obra de sociología? No. Todo allí es subjetivo histórico, fantástico, pasional; todo pasa por tamices de odio. Nada aparece impersonal, genérico, científico.

Pero ¡cuántos atisbos de zahorí!

Lo primero que proclama Sarmiento es que Rosas y Quiroga no son dos sujetos tales o cuales aparecidos a la ventura, sino exponentes del medio, representantes típicos de los campos bárbaros, en lucha contra las ciudades europeizadas. El caudillismo, la anarquía, la dictadura, significan en la Argentina de la época del triunfo del ruralismo ignorante, el triunfo de la barbarie, en un medio propicio que Sarmiento describe, sobre la ciudad y sus minorías civilizadas.

Sin embargo, no puede admitirse íntegra esa interpretación de la historia. O mejor, debe explicársela. Ese conflicto entre la barbarie y la civilización, entre los campos y las ciudades, fue provocado en la Argentina por las ciudades. Si Rivadavia, aquel presuntuoso ideólogo, destituido de sentido práctico, aquel hombre que se empeñó en acogotar a las provincias, en obsequio de Buenos Aires, hubiera tenido el talento de Sarmiento, habría contribuido a soldar y no a precipitar la ruptura. Dada la geografía política y económica de la Argentina, con Buenos Aires, puerta y puerto del país, pulpo y succívoro de la nación, mano que tenía agarrada a la república por el estómago, la política de Rivadavia, ¿fue la mejor? Rosas, si bien se examina, es obra de Rivadavia provocó la reacción federal, el caudillismo, la tiranía. La inteligencia humana cuenta por algo en el gobierno de las sociedades; no la descontemos por manera tan absoluta en la interpretación de hechos históricos.

A Sarmiento, por lo demás, le sobra razón, aunque *Facundo* no representa sino una de las faces de la medalla, que tiene dos.

Se explaya Sarmiento en la apreciación del medio físico argentino; pero olvida el problema étnico.

La barbarie la achaca a la ignorancia; de ahí su afán apostólico de educador. Pero no recordó bastante o no recordó ni un momento, que el hombre civilizado de las ciudades, el hombre anheloso de civilización, era el hombre de raza caucásica, el hombre blanco, y que el bárbaro de los campos era el descendiente de aquellos aborígenes nacidos en los desiertos —el hombre de color, el negro, el indio, el zambo, el mestizo—, un representante de razas inferiores, en suma. Olvidó, por tanto, que la lucha entre los campos y las ciudades era, en su último análisis, no solo lucha de civilizaciones, sino lucha de razas.

No lo culpemos a él, sino a la ciencia incompleta de su época, de la época del *Facundo* (1845). Si Sarmiento hubiera sido de veras un genio, como ahora se pregona, habría descubierto la incógnita, abriendo horizontes nuevos a la cultura humana. No lo hizo. Sin embargo, ya otro americano, treinta años atrás, había puesto el dedo sobre la llaga.

Capítulos I y II de la monografía «Domingo Faustino Sarmiento», en *Obras selectas*, págs. 987-1001.

Darío[42]

I. Cómo era el poeta

Don Arturo Torres-Ríoseco, chileno, profesor en la Universidad yanqui de Minneápolis, se propone escribir la biografía de Rubén Darío, y me hace el obsequio de inquirir el género de relaciones que hubo entre el magnífico poeta y yo. ¡Esta sola pregunta me ha hecho remover tantos recuerdos!

«He sabido por algunos amigos de Rubén —me escribe el señor Ríoseco— que entre usted y el gran poeta de Nicaragua existió siempre cierta rivalidad, que algunas veces produjo desagradables incidentes.»

Tales informes son errados.

Creo poseer aquella virtud de que habló Carlyle: la de saber admirar a uno más grande que nosotros.

Jamás tuve rivalidades con Rubén, a quien un tiempo quise mucho y a quien siempre admiré como a un altísimo poeta, como a un maestro. Mío lo fue. Máxime en los principios de mi carrera. Sin Rubén Darío, ni yo ni muchos otros —aunque lo callemos, mezquinos— seríamos lo que somos... Andando el tiempo, y ya en la plenitud de mi sazón intelectual, yo tomé por caminos diferentes a los de Rubén, y no solo diferentes, sino antagónicos.

Yo soy un modesto escritor criollista, que aspiro a lo humano, a lo universal, a lo eterno, por lo propio de mi ser, de mi tierra, de mi lengua y de mi raza. Él es un magno poeta a la europea, un exotista, un desarraigado.

Darío logró desviarme, por algún tiempo, del rumbo inicial que el instinto me deparó, y al que he vuelto, años después, orientando el ciego instinto de antaño por las claridades de la experiencia.

Esto no es negar mi deuda con Darío. Le debo muchísimo: le debo el haber afinado mis nervios, haciéndolos aptos para levedades y gracias, que por sí propios, sin Rubén, no hubieran captado, gozado ni comprendido nunca. Eso, que parece poco, es inmenso. Es algo sustantivo, definitivo, a lo que ya jamás podría renunciar, aunque lo quisiese.

---

42   La opinión que merece la obra de Darío al autor de este deshilvanado librejo, corre difusa por todos los capítulos. Por eso quepan quizás aquí estos recuerdos, que no juicio, sobre el gran poeta, tal como vieron la luz en *El Sol*, de Madrid, el 30 de diciembre de 1925, el 27 de enero de 1926 y el 14 de febrero del mismo año.

En honor del poeta y por ser de justicia, pongamos los puntos sobre las íes.

Rubén Darío fue creador, en América y en España, de una nueva sensibilidad, de un nuevo tono lírico, y en este sentido, los escritores jóvenes de su tiempo, tanto en España como en América, le debemos todos mucho.

¿Cuál es el puesto de Darío en la poesía universal?

Es el mayor poeta que ha producido la América hispánica; junto con Edgar Poe, uno de los dos líricos máximos del hemisferio occidental; en fin, por lo que respecta a otros continentes, uno de los mayores líricos contemporáneos en todo el mundo.

• • •

¿Mis relaciones con Rubén? Estuvimos muy unidos desde principios de 1901 hasta fines de 1904, época durante la cual vivíamos ambos en París. En 1907 volví a Francia; nuestra amistad siguió cordial, estrecha. Regresé a mi país y luego volví a Europa en 1910. Entonces rompimos.

Salvo cierta nubecilla de incomprensión y de champaña, la noche de nuestro conocimiento en el bar de Calisaya, hoy desaparecido —y que recordarán en España Manuel y Antonio Machado, Luis Bello, García Martí y el actor Ricardo Calvo—, no creo que volviésemos, durante once o doce años de amistad, a tener diferencia alguna.

Y eso que Rubén, cuando tomaba, se ponía insufrible. Muy cortés antes de apurar la primera copa, ¡qué cambio, a veces, después de algunos tragos! Nervioso, irascible, respondía con violencia, decía y hacía cosas tontas; más bien pueriles que perversas. Una tarde, en su casa, desnudo y envuelto en una sábana, estuvo paseándose por la escalera, con escándalo de la portera y regocijo de las vecinas. Decía que era un senador romano. Cierta noche, en el «Moulin Rouge», echó mano al bolsillo, sacó las tarjetas de visita y empezó a repartirlas entre los espectadores. Costó trabajo hacerle embolsillar su carterita y arrancarlo de allí. Cuando se le preguntó el motivo de aquel acto absurdo, respondió:

—Para que sepan..., para que sepan. Estos franceses se imaginan que yo soy un burgués.

En estado normal era gratísima su compañía, no porque hablase mucho ni bien, sino porque oía con atención inteligente, y entrecerrando sus ojillos negros, pequeños, muy luminosos, muy parpadeantes. De cuando en cuando alguna reflexión inesperada abría horizontes nuevos sobre el asunto. En otras ocasiones disparaba preguntas o exclamaciones infantiles. Parecía siempre sorprendido.

En el fondo era un niño, un niño sublime. Pocas veces contradecía. Era tolerante. Sabía tornear sus argumentos con discreción diplomática, sin cejar en sus ideas ni menospreciar las del oponente. Ni en política, ni en filosofía estuvimos jamás de acuerdo. «Desrazonábamos a la luz de la Luna», dirá él de nuestras charlas en el prólogo de *Pequeña ópera lírica*, y apuntará diferencias: «yo creyendo en Jesús santo y él no».

Sentía vivo placer por los temas voluptuosos, sin caer jamás en vulgaridades. En este punto, lo comprendía, lo disculpaba y lo admiraba todo. Su exasperado sensualismo era, para la época en que nos conocimos, más imaginativo que práctico. Zola y Gourmont fueron así. Don Enrique Díez-Canedo, a quien hay indefectiblemente que referirse cuando se trata de poetas contemporáneos en lengua española, habla de refilón, con su habitual agudeza, de la sensualidad convertida por los poetas americanos en elemento de arte.[43]

Era Rubén Darío muy sugestionable. Le faltó siempre carácter. Cualquiera podía influir en Rubén, aunque no literariamente. Era el ser menos levantisco, menos revolucionario del mundo. Todo lo estampillado, lo oficial, merecía su aquiescencia y su venia. Es curioso que a un hombre así le haya tocado ser abanderado de un movimiento subversivo, de un movimiento de revolución literaria.

Busco una explicación, y pienso: Quizás su maravilloso temperamento de artista del verbo —tanto en verso como en prosa— estuviese por encima y por fuera de su voluntad.

Leyó a los franceses, a los italianos, a los portugueses; su fina sensibilidad se contagió de hermosura exótica, trató de trasplantar a su lengua los procedimientos extraños; el temperamento, su maravillosa capacidad de

---

43 Prólogo a la traducción española de la obra de Isaac Goldberg, *Estudios sobre literatura hispanoamericana*. Madrid.

expresión, hizo lo demás. De la noche a la mañana se encontró, por obra y gracia de sus nervios, creador de belleza nueva, con expresión española.

No me explico de otro modo el revolucionarismo literario de Rubén. En política, no solo fue conservador, aun fuera de cualquier partido, sino ser vil. Fue cantor y servidor de tiranos. Núñez, en Colombia; Zelaya, en Nicaragua; de otros, microscópicos. Aduló a Porfirio Díaz, en México; a Mitre, en Buenos Aires; a los «pelucones», en Chile; a los yanquis, en Norteamérica. Aun las esposas de algunos magnates, como doña Blanca de Zelaya, merecieron acrósticos y sonetos de Rubén.

¿Tenía en las venas algunas gotas de sangre india, chorotega o nagrandana? Su barba era castaña, su piel fina y blanquísima, los ojos algo mongólicos, pequeños, negros, muy luminosos; el cuerpo alto y grueso, con tendencia al *embonpoint*. Los pómulos sobresalían un poco; la nariz era fea, socrática. Se parecía a Verlaine. A Verlaine y al mismo Sócrates.

Jamás amó la libertad ni, en el fondo, a nuestra América. «Lo bello en política es la monarquía», escribió, incapaz de comprender la belleza de la justicia y de la libertad. Lo deslumbraban exterioridades: la corona, el manto de armiño, las cuatro planchas cubiertas de terciopelo carmesí. La poesía de las cortes se reducía para el poeta a las voluptuosidades del ojo y la imaginación; poesía teatral y versallesca de lindas mujeres, entre encajes y sedas, cubiertas de joyas y de vicios, capaces de todos los pecados.

Amaba el lujo y la fuerza. ¡Qué le importaba a Rubén, tan apolíneo, todo armonía de espíritu, que el gesto regio lo hiciera la quijada monstruosa de un Habsburgo, o la nariz absurda de un Borbón, o la cabeza de mosquito de un Braganza, o el histriónico Hohenzollern, o El idiota Romanov!

Él siempre encontrará motivos de admiración. Admirará al Romanov por su vesania; al Hohenzollern, por su histrionismo; al Braganza, por su torpeza; al Borbón, por sus narices; al Habsburgo, por su mandíbula.

En cuanto a América, tenían razón los que en la tertulia de Rodó negaban que fuese Rubén nuestro poeta representativo. Un día, en 1883, le encargó el presidente de El Salvador, país en que a la sazón estaba Rubén, un poema para conmemorar el primer centenario del natalicio de Bolívar. Versos de encargo, versos no sentidos, versos pésimos. Rubén celebra en las primeras estrofas al héroe y a la gloria; en todas las restantes, que son muchas, no canta sino al presidente, que lo paga, y a El Salvador, que lo alberga.

Sentía por la fuerza, la riqueza y las pezuñas de los yanquis, un respeto que yo —como se sabe— nunca he compartido. Después cambió un poco, muy poco, ¡qué poco! Nuestra amistad acaso no fue extraña al cambio. Darío, que compuso la arrastrada *Salutación al águila*, le arrancó también unas cuantas plumas de la cola al pajarraco, y se las arrancó con altivez de verdadero poeta de una raza. Recordad el ¡hola, pillo! *A Roosevelt*, aquel poema que Howard B. Macdonald llama exageradamente «el más fuerte himno al odio».

Más tarde, y a solas consigo mismo, volvió Rubén a adular a los yanquis. Hoy los yanquis han convertido la patria del poeta en pesebre y se hartan allí. Menos en las montañas que ocupa el hombre solar: Sandino.

Un día llego a su casa; me lo encuentro muy finchado, muy currutaco.

—¿Adónde va, Rubén, de veinticinco alfileres?

—Voy a ver a doña Zoila.

Aquella doña Zoila, de paso en París, era la esposa del dictador venezolano Cipriano Castro. Rubén no conocía ni a doña Zoila, ni a Castro, ni a Venezuela. Tampoco esperaba nada ni de Venezuela, ni de Castro, ni de Zoila. Espontáneo doblar de rodillas. Necesidad de curvar el espinazo. Me costó trabajo disuadirlo de aquella inútil pleitesía a la mujer de un dictador.

• • •

Con tantas divergencias de carácter y de ideología, parece que no existiera humus propicio donde arraigar y fructificar nuestra amistad.

Fue muy estrecha y muy cordial, con todo. Yo sentía por él una mezcla de admiración y gratitud. Aun en sus momentos más lamentables, siempre recordé que el resplandor de aquel cerebro iluminaba el camino de nuestra generación; que aquellas manos producían sublime hermosura, y que aquella barbilla castaña y aquel pálido rostro, entre socrático y mongólico, eran la máscara vulgar de un poeta de genio.

Además, Rubén, en el fondo, era bueno. En el fondo y en la superficie, salvo momentos de exaltación alcohólica.

Jamás he visto hombre menos pedante, ni menos envidioso. Admiraba a unos cuantos, estimaba a otros cuantos, reía de algunos. Así deben reír los dioses: paternalicios, benévolos.

Envidia, nunca, a nadie. Se placía en el triunfo de los demás, seguro de que nadie podía hacerle sombra. Llenos están sus libros de alabanzas a los grandes, a los medianos, aun a los chicos. Él sabía lo que valían su opinión y sus loas. No por eso las pesó siempre en balanza de farmacéutico.

Su desprecio solía ser épico; tan sincero como profundo.

Aquel sujeto bilioso y pésimo cronista, sulfato de pequeñez, envidioso hasta el verdor, *Fray Candil*, lo llamó una vez, en un diario de Madrid, mal poeta. Rubén se sonrió con una sonrisa cargada de sabiduría y de entrañable desdén, y solo hizo este comento:

—Que diga lo que quiera. Yo jamás escribiré su nombre.

Nunca, hasta ese momento, tuve la comprensión tan clara de la superioridad de un hombre sobre otro.

II. Vida en París

Por aquel tiempo —comienzos del siglo XX— vivía yo mi juventud alegremente. Dinero, mocedad, salud, despreocupaciones, amor del arte, del placer, de la política, de las aventuras, del peligro... ¿qué me faltó? Los demás —y aun yo mismo— esperábamos de mí cosas estupendas. ¿Qué cosas? No podría precisarlo. Me batía en duelo, sin odio, por quitarme allá esas pajas; tenía amiguitas, caballos, perros, escopetas, espadas; habitaba un coquetón apartamento en la plaza de la Magdalena, en París; escribía versos; defendía, desinteresado, las causas justas; era campeón del ideal... No pudiera decir como el poeta español que a los treinta años mi alma yaciera «apagada y fría». Al contrario. Los treinta años cantaban en mi corazón canciones dionisíacas. Era feliz. Rubén Darío no me llamaba sino «el príncipe».

Enrique Gómez Carrillo y yo nos reuníamos todas las tardes en el Círculo de la Esgrima; hacíamos cortos asaltos, nos duchábamos y luego nos íbamos a Calisaya, al aperitivo, para regresar a comer al club o meternos en algún restaurante del Boulevard. A medianoche subíamos a Montmartre.

¡Qué mundo tan vario y sugerente frecuentábamos! Escritores, cancionistas, músicos, pintores, grisetillas. Los amores no duraban nunca arriba de una semana o dos. Recuerdo cierta guapa niña a quien le gustaba pegar para que le pegasen: me propinó una noche una torta que resonó en todo «Cyrano». De entonces conservo un retrato que me hizo el dibujante ruso Widoff. Rubén a veces nos acompañaba y se arrinconaba a charlar con algún amigo de su preferencia como el lúgubre poeta y cancionista Jehan Rictus, sobre quien escribió amenísimo artículo. No hacía asco a las mujeres; pero nunca gozó entre ellas de prestigio.

Sí, con su cabello gris acercábase —según más tarde cantó— a los rosales del jardín. Las mujeres reían de aquellas aproximaciones, dando a entender… lo que cada quien quisiera.

—Plural ha sido la historia de nuestros corazones —solía decir desde entonces.

Y Carrillo, cínico, corregía la frase:

—Plural ha sido la historia de nuestra concupiscencia.

Éste sí disfrutaba de invariable éxito con las mujeres. Un día una de sus amiguitas le cayó a tiros, por celos.

Carrillo rivalizaba entonces con Darío por cuestiones de periodismo bonaerense y de prebendas otorgadas por dictadores de Centroamérica, a quien ambos cosechaban.

• • •

Estrada Cabrera, aquel Júpiter de Guatemala, muerto en su cama después de haber recibido los santos sacramentos y la bendición de Su Santidad, derramaba sobre Carrillo parca lluvia de oro. Parca, pero ininterrumpida: tenue llovizna o, como expresan en mi tierra, garúa.

¿Por qué? Por un periódico de jocoso recuerdo que editaba Carrillo en París o en Hamburgo, según las circunstancias.

Suponía aquel feroz pedagogo, que se quitó la chupa del dómine rural para vestir la púrpura de dictador, que el universo íntegro iba a admirarlo por los elogios de aquella eventual y errabunda gaceta. Suponía el pobre déspota que iba a sobornar a la posteridad con las escatimadas pesetillas que giraba a un joven poeta desaprensivo.

Trocar dinero por ditirambos, excelente negocio, máxime si las pesetas salen con cuentagotas y las loas se vuelcan por una cornucopia. Imaginábase el ingenuo pedagogo que las paletadas de hurras iban a ahogar el quejido de sus víctimas. Gómez Carrillo, en vez de los 30.000 ejemplares que entreveía en sus opiados y ambiciosos ensueños el infame Cabrera, tiraba solo dos o tres docenas, y las expedía íntegras al maestrescuela dictador.

Para mantener la ilusión, el travieso Carrillo —que siempre tuvo amigos y servidores *interlopes*, en medio de relaciones de primer orden— hacía publicar en Hamburgo, por algún alemán barato, dos o tres sandeces contra Estrada Cabrera; luego las rebatía él mismo, indignado, o cualquiera de sus innúmeros incondicionales franceses. Oficina internacional para embaucar mandones bobos. Un pequeño Pactolo mensual doraba las manos de Gómez Carrillo. Y Gómez Carrillo, cuya generosidad carece de límites, derrochaba íntegro su peculio con la esplendidez de un rey asirio. De un rey asirio que, sobre tener dinero, fuese espléndido.

Rubén Darío lo admiraba por prestidigitador y lo temía. ¡Era tan endiablado y tan engarbullador aquel Enrique! Temía su lengua, su pluma, sus intriguillas, su inquietud, su cinismo sonriente, toda su manera de ser y de obrar. El nicaragüense era cazurro. El engatusador de Cabrera, por el contrario, un *chaurmeur*: posee el secreto de granjearse voluntades.

No he conocido a nadie que logre adquirir tan pronto imperio sobre las mujeres. Las damas le abren muy fácilmente las puertas de la casa y las del corazón. Los personajes más pletóricos de énfasis, de dinero, de suficiencia, se dejan, a la segunda conversación, dar palmaditas en el vientre por Carrillo. Los avaros le ofrecen dinero. Los más esquivos lo invitan y agasajan. Y Carrillo no solo sabe granjearse voluntades, sino ponerlas al servicio de sus pasiones o de su interés.

En aquel tiempo sacaba dinero —muy hábil y aun muy lícita y laboriosamente— de Guatemala, de España y de Argentina.

El tiempo no eclipsará las dotes de Carrillo. Francia le otorgará la Legión de Honor en grado eminente; España no vacilará en ponerlo, como director, al frente de uno de sus mejores diarios; Argentina lo nombrará cónsul en París.

¿Qué mucho que, conociéndolo, temiese Rubén a Carrillo? Y no se limitó a temerlo, sino llegó a abominarlo. La razón, naturalmente, estaba de parte de Rubén. Éste solía exclamar:

—El dossier de Enrique, que tiene la policía parisiense, es tremendo.

No entraba en mayores explicaciones. A legua transparentábase que aquello era una hipótesis de la malquerencia rubeniana, o sugestión de malas lenguas: el diplomático de Centroamérica don Crisanto Medina, por ejemplo —a quien llamábamos don Crisantemo—, o el señor Tible, tío carnal de Gómez Carrillo. Vargas Vila decía que Enrique usaba como segundo apellido el Carrillo y no el Tible, para que no lo llamasen *Comestible*. El tío de Carrillo era un hombrecito embrollón, capaz de todos los males sin mezcla de bien alguno. Llegó al colmo de la animadversión recíproca de aquellos parientes enemigos. Nos comisionó el sobrino una vez a cierto tronado conde francés —buen hombre que abominaba de los duelos, quizás por las agarronas que tuvo con su mujer— y a mí para desafiar al tío. El tío, alebronado, no quiso dar el pecho. Aquel desafío, aunque frustrado, horrorizó a Darío.

—Un día de éstos Carrillo me desafía y me mata —pensaba Rubén.

Pero luego reportábase:

—No, no me matará, porque no me batiré.

Yo trataba de disuadirlo de tan absurdos pensamientos. Absurdos en cuanto a suponer que pudiéramos permitir que el pobre Rubén fuera a servirle de juguete en esa forma a Carrillo. Rubén agradecía, aun sin hablar, con la mera expresión del rostro, la seguridad que se le daba. Tenía a la muerte miedo físico y miedo metafísico.

Una tarde, mientras paseábamos en coche por el Bosque de Bolonia, Rubén, hablando de su rival, exclamó:

—No quisiera que lo matasen; pero sí que se muriese.

La frase pinta a Darío: un poquillo cobarde, no confiesa con decisión el mal porque suspira; o más bien bonachón, incapaz de un odio ceñudo, no se atreve a desear para su adversario todo el mal que pudiera.

• • •

En 1904 escribió, a petición del «Príncipe», estando yo en Madrid de paso —y él con un mexicano que le invitó y pagó el viaje, en Italia—, el prólogo de *Pequeña ópera lírica*.

Esa página florentina se mira hoy como una de las más bellas que se conservan de Darío. En efecto, es magnífica. Pinta allí nuestra vida de París, nuestros caracteres, nuestras conversaciones, sin nombres propios y, trasponiéndolo todo, con arte sumo, a la Italia de los Médicis. Solo un maestro pudo concebir y realizar la primera parte —o llámese fachada— de aquella arquitectura renacentista.

Eso fue en la primavera. En el verano me fui yo a Holanda. A principios del otoño volvimos a juntarnos en París.

Cierta noche, después de haber comido y bebido copiosamente, nos sentamos en una terraza del Boulevard, en la «Taverne Vienoise», después de 1914 «Café-restaurant d'Angleterre».

No sé por qué se amoscó un poco Rubén con algo que yo dije. Sacó una hoja de papel, escribió unas líneas y me pasó lo escrito.

Era una cuarteta:

> La palabra de Darío
> la volverás a encontrar
> cuando las ondas del río
> sean las ondas del mar.

Aquella nubecita se disipó la misma noche. La palabra generosa de Darío volvió a sonar espontánea y más de una vez en mi honor.

Partí a Venezuela. A promedios de 1905 ocurrióme un drama sangriento mientras ejercía la gobernación del Territorio Amazonas. Caí preso. Entonces escribí en la cárcel de Ciudad Bolívar mi novela *El hombre de hierro*. Rubén Darío se acordó del ausente y publicó un artículo con motivo de aquella novela. Del autor decía:

«Es de los que han nacido para realizar grandes cosas (más allá del Bien y del Mal, si gustáis), y las realizará, como no llegue antes el instante que corta el vuelo de los más fuertes cóndores o impide el salto de los más hermosos leones.»

¡Con qué melancolía y qué vergüenza respondo ahora, con una vida fracasada, al mal profeta! En 1907 volví a Europa. Continuamos la misma cordial amistad de siempre. Al año siguiente apareció en París, traducida en francés por el poeta suizo Frédéric Raisin, la *Pequeña ópera lírica* con el título *Au délà des horizons...*

Yo había regresado a mi país, y se me olvidó enviar el volumen a Rubén. Cuando años adelante, en 1910, él me lo pidió y yo se lo di, mandó sobre aquella traducción una elogiosa correspondencia a *La Nación* bonaerense.

Volví, pues, a encontrar más de una vez la generosa y férvida palabra de Darío.

• • •

En 1911 me radiqué en París, después de errar varios meses en busca de arraigo por España, Holanda, Bélgica y Alemania. Volvía esta vez a Europa en condiciones morales y económicas bastante mediocres.

Me había visto forzado a retrovender, desde la prisión, a toda carrera, una pequeña finca de café; salía de un año de cárcel; me desterraba de mi país, sacándome de la mazmorra entre esbirros, hasta dejarme a bordo del buque español —el «Antonio López»— que me condujo a Barcelona, una dictadura soez y patibularia. No contaba para vivir y afrontar el sombrío futuro sino con mi trabajo y la corta renta de unos cupones del Banco de Venezuela. El poco dinero que llevaba no iba a derrocharlo en francachelas sin saber aún cómo orientarme, no gustando de pedir ni habiendo pedido jamás a nadie favores pecuniarios.

Hablo demasiado de mí; pero sería imposible referir nuestras relaciones si omitiese esenciales circunstancias de carácter o de vida, clave de nuestra amistad y de nuestra ruptura. Lo desleal sería desfigurarlo a él o embellecerme a mí. Pintarnos como fuimos, no.

Aunque muerto hace poco, relativamente, Rubén Darío ha crecido tanto que tratar de él sin mucho respeto, como de un camarada cualquiera, parece irreverencia. Pero, diablos, era de carne y hueso como todos nosotros. No vivía envuelto en una nube, sino mezclándose a la vida impura y a los hombres microscópicos. Hay que hablar de él como de un hombre.

Una de las características de la psicología de Rubén —la más lamentable tal vez— no consiste en que amase el lujo y se inclinase ante la fuerza. Consiste en que, sin ser hombre de maldad activa, consciente, deliberada, más aún, siendo hombre bueno en el fondo, jamás tuvo conmiseración por los débiles ni lástima de la desvalidez. Lo que no fuese oro, mármol, terciopelo, salud, fortuna, fausto, le era antipático. Era el hombre de su literatura: toda esplendor y sensualidad.

Sería, con todo, injusto asegurar que la belleza moral no lo sedujese en la vida o estuviese ausente de su literatura... Pero si Rubén admira y canta —iy de qué modo maravilloso!— a San Francisco de Asís, ¿cuándo lo canta y admira? Observadlo bien: es en el tramonto de la vida del poeta cuando el poeta celebra al noble Francisco, y más por lo pintoresco de aquel trasunto de Jesús que por lo santo. En el fondo es al fiero lobo de Gubia a quien celebra y no al santo de Asís.

Una tarde, al anochecer, presentóse Rubén en casa. Iba por mí para que cenásemos juntos. Yo vivía en la calle Gay-Lussac, en un quinto piso. Rubén arribó, jadeante.

Mientras colocaba su sombrero de copa y sus diplomáticos guantes de Suecia sobre una mesita no pudo contenerse y exclamó:

—No, Rufino; no me acostumbro a verlo a usted en este pisito.

Sonreí. ¡Qué lastima me daba el gran poeta infantil! ¡Cuántas veces había yo vivido peor!

—Eso es la vida, Rubén —le repuse.

—¡Y yo que le había augurado el destino de Rey!...

—Sí; usted me dijo, como el hada: «Tú serás Rey». Pero los reyes de la democracia se juegan la cabeza al trono. Yo he jugado mi destino a cara o cruz. He jugado y he perdido.

—¡Pero este cuartito!...

—Este cuartito, la pezuña de cerdo que usted mira sobre mi carne, la mano asesina que amorata mi cuello, son episodios de la lucha. He perdido: hay que pagar en sufrimiento. Eso es todo.

—Sí; «eso es todo, y nada más». Es decir, eso es el infortunio, según el fatalista cuervo de Poe.

Concluyó con estas palabras impertinentes:

—Ya no me atrevo a repetirle: «Tú serás Rey».

III. La ruptura

Habitaba Darío una de las calles que desembocan en la avenida del Observatorio: la Rue Herschell.

Una tarde fui a verlo. Lo encontré en su dormitorio con una fluxión de pecho, envuelto en espeso y capitonado batón de lana color de rioja. Rodeábalo gran número de admiradores, gente joven: americanos, españoles; única cabeza gris, una vieja francesa muy confianzuda, ama de llaves o algo así en casa de Remy de Gourmont. La vieja chacharera iba con mensaje de su patrón para Rubén.

Aunque creo que nunca escribió sobre Darío, poseía Gourmont clara conciencia del valor del poeta y de lo que el poeta representaba en las letras españolas de ambos mundos. Me consta que atendía siempre cualquier indicación de Rubén. Por recomendaciones de Darío a Gourmont publicó en el *Mercure de France*, y aun en otras revistas de París, más de un escritor, incluso franceses. La larguísima y para muchos injustificada colaboración del chileno Contreras en el *Mercure* no conoce otro origen.

Rubén, para sí, nunca exigió nada a Gourmont.

Tan inescrupuloso en cosas de política y tan dispuesto a aplaudir a oscuros dictadores, era orgullosísimo Darío en lo atañedero a literatura.

La razón es obvia.

En la política, en la libertad, no creyó nunca. No le parecía, de seguro, prostituirse con aplaudir a sátrapas odiosos y echarles margaritas a puercos, a trueque de un mendrugo. Su concepto meceniano de las letras —el suponer que no pueden vivir de la democracia— lo disculpa. Pero Rubén tenía el culto de la belleza. Conocía su mérito. Como creador de hermosura, se hubiera supuesto deshonrado con ir a ofrecer su mercancía de puerta en puerta. «A Rubén Darío —tal vez pensara con razón— se le llama y se le acata.» En tal sentido su dignidad literaria no claudicó jamás. Si dedicó *Azul* a cierto magnate chileno tan incapaz de comprender aquello que ni siquiera le dio las gracias, fue por instigaciones de Eduardo de la Barra, y creyendo que iba a sacar alguna tajada al incomprensivo. El silencio del ricohombre pinta por igual al pobre ricohombre sin entendimiento de hermosura y a Rubén curvado ante posibles Mecenas.

Las loas a Mitre, Núñez, Zelaya, etc., caen dentro de la órbita política, pragmática, estomacal. Lo primero es comer. Mitre, Núñez, Zelaya, merecen que se les mencione, porque favorecieron al poeta. Ese burdo chileno, no. Aunque quizás fuera mayor castigo que dejarlo que se salve en la anonimia, el clavar su nombre en la picota al referir la hazaña.

• • •

Cuando entré en el aposento de Darío aquella tarde, el pintor Tito Salas le pedía fecha y hora para ir a retratarlo. Ignoro si el proyecto se realizó. Rubén no me pareció muy seducido con la idea, si bien apreciaba el arte de aquel joven pintor.

Aún no me había yo sentado cuando Rubén me dijo:

—Bueno, Rufino, estaba esperándolo. Estos señores me permitirán que vaya a hablar con usted un momento.

Extrañáronme sus palabras; él ignoraba que yo fuera a visitarlo esa tarde.

Me condujo poco a poco hacia el comedor.

—Es que quiero leerle a usted mi «Canto a la Argentina», que no conoce —me dijo.

Y agregó, moviendo la cabeza hacia el dormitorio:

—Toda esa gente me aburre.

Encendió profusión de luces; llamó a Francisca (*Francisca Sánchez, acompañamé*), y le secreteó algo. Poco después se presentó Francisca abrazada con enorme mamotreto. Era un número extraordinario, verdaderamente extraordinario, de *La Nación*.

Partió Francisca y regresó enseguida: colocó encima de la mesa una botella de Black and White, dos copas y el sifón.

—Ya sabes, Francisca: nadie, nadie.

Y señalaba de nuevo hacia el dormitorio.

—¿Y qué les digo?

Sin vacilar repuso:

—Diles que estoy tratando con Rufino sobre la fundación de una gran revista. Que a todos ellos, escritores y pintores, los llamaré a colaborar.

Para mayor seguridad cerró la puerta con llave y tiró la llave sobre la mesa. Sirvió dos buenos tragos, como para canónigos; los apuramos y comenzó a leer.

Al principio no cogí bien el ritmo. Me pareció que se trataba de eneasílabos. Luego creí que los versos eran de ocho. Pero a los diez o doce versos ya comprendí el trenzado de las nueve y las ocho sílabas, con un ritmo vago, monótono que parecía, a veces, al cambiar de metro, cojear.

El poema empezaba como la ola concluye: espuma blanca sobre la arena de oro... Después, la ola henchíase en gráciles y mórbidas curvas; después, el alboroto de las aguas hirvientes, azules; después, la calma, la fuerza, lo inmensurable, el mar.

El poema, larguísimo, era entrecortado de cuando en cuando por breves comentarios o mientras apurábamos algún sorbo, pocos. Cuando concluyó la lectura Rubén, muy grave, cerró, cuidadoso, el mamotreto, puso su mano blanquísima, y sin un solo pelo viril, sobre la cubierta, y me preguntó con calma, mirándome a los ojos:

—Y bien, Rufino, ya ha oído usted el poema: ¿qué le parece en conjunto?

—Para opinar en conciencia —le repuse—, necesitaría leerlo varias veces y leerlo con el lápiz en la mano.

—¿Con el lápiz?... —preguntó frunciendo el ceño.

—Sí; que me serviría de caña de pescar hermosuras.

Sonrió, pueril. Yo proseguí:

—Ahora estoy asordado y encantado. Usted me echa de golpe sobre la cabeza una catarata de estrellas y me manda a opinar; no puedo, me ahogo.

Sin embargo, sí pude... ¿Qué le dije a Rubén? No lo recuerdo en este instante. En caso como aquél recordamos lo que nos dicen que lo que decimos y lo que los demás hacen que lo que hacemos nosotros. Rubén se puso en pie, e interrumpiéndome y con su gravedad de ídolo azteca, me espetó:

—Haré una edición de lujo, de mucho lujo. Para esa edición deseo que escriba usted un prólogo.

Empecé a protestar; pero Rubén, confianzudo, me puso suavemente los dedos de la mano izquierda sobre la boca, y prosiguió:

—Mañana le mandaré a su casa el poema. Y le mandaré también «un archivo», donde podrá documentarse.

En efecto, al día siguiente recibí el poema y «el archivo». Lo que el gran poeta bautizaba de archivo era un volumen formidable de hojas en blanco y forrado en terciopelo granate. Allí había ido pegando recortes de periódicos y revistas donde se hablaba de él. También había retratos suyos y caricaturas. Además, versos de Rubén impresos. ¡Qué universo de papel!

Este universo de papel, salvo las ponderosas pastas de granate, lo remití desde el *chateau* de Catillon, por correo, en 1925, al profesor Torres-Ríoseco, a Minneápolis, en la esperanza de que pueda utilizarlo para la biografía del poeta.

Recuerdo también que la tarde de la lectura me dijo Rubén con entusiasmo infantilesco:

—Este ha sido el poema mejor pagado hasta ahora en lengua española. *La Nación*, que me lo encargó, me ha dado... tanto.

No recuerdo la suma a punto fijo. Me parece que habló de diez o doce mil francos.

¡Pobre Rubén! Le parecía fabuloso. Venezuela pagó a Villaespesa por un mediocre drama sobre Bolívar, y Perú pagó a Chocano por una epopeya sobre el mismo Libertador —inferior al «Canto» de Rubén— sumas que dejan en ridículo a los diez o doce mil francos de *La Nación*.

• • •

Llegamos al momento de nuestra ruptura.

Por aquel tiempo —me parece que en 1911— unos comerciantes uruguayos o ítalo-uruguayos, o ítalo-franco-uruguayos, o ítalo-israelo-franco-uruguayos, resolvieron, aconsejados por otro uruguayo de nombre Merelo, crear en París un magazine hispanoamericano con el título de *Mundial*, y ofrecer la dirección al poeta de *Azul*. Rubén aceptó.

Solo trataban aquellos mercaderes, que iban a su negocio, de explotar el prestigio del poeta.

Darío no nació para gobernar... Incapaz de mandar ni su propia conducta, no dirigió jamás sino en nombre aquel periódico. Los Guido hacían lo que les daba la gana; por eso fue, tan malo, literariamente, el magazine *Mundial*; pero fue, por eso también, el más pingüe negocio. Zapatero, a tus zapatos.

Al principio Rubén se forjó la ilusión de que iba a ejercer franca dictadura periodística —ni se conocía a sí ni conocía a sus patrones—, y empezó a llamar a su lado a quienes podrían colaborar con él. A mí me franqueó, generoso, las puertas de *Mundial*, y me aseguró que íbamos a ganar mucho dinero.

Una tarde —acababa de aparecer el primer número del magazine y traía un trabajo mío— me presenté en casa de Merelo, asociado a los Guido, y entonces de mucha vara alta con ellos. Era —o es, porque vive— hombre prometedor, zalamero. Y repetía lo que Rubén: íbamos a ganar mucho dinero. Yo, urgido de pecunia, lo escuchaba encantado, improvisando en su obsequio sonrisas y frases agradables.

Minutos después roznó un automóvil: uno de los Guido. Presentación, apretones de manos; esperanzas de mi parte, importancia y altivez de parte de Guido.

En resumen, aquellos dos hombres se apartaron a conversar y me dejaron a mí en el más despectivo abandono. Yo, claro, me sulfuré y les dije unas cuantas frescas. La pobreza lo pone a uno muy susceptible.

Me fui; pero la ira rebosaba en mi alma... Pareciéndome poco lo que expresara de viva voz, entré en la librería de Garnier, y desde allí, a toda carrera, ratifiqué mi indignación en una carta a Merelo, empapada en ácido prúsico. En suma, algo como un cartel de desafío.

En vez de contestar como debían Merelo y Guido se fueron a quejar de mí a Rubén. Cuando estuve, dos tardes después, en casa de Darío, Darío, sin apenas oírme y con aplomo admirable, declaró que yo era un violento, aquellos negociantes gentes muy de paz y que la razón no me asistía. Me parece que, entre otros, encontrábase allí presente el poeta antillano Pérez Alfonseca.

La actitud de Rubén me hirió en el alma. ¡Lo quería y lo admiraba tanto! Antes, la razón la tenía yo siempre a los ojos de Darío. ¡Cómo me ofendió su parcialidad! ¡Cómo! Me mordí los labios. Iba a salir sin pronunciar una palabra; pero no pude.

—¡Con que tienen la razón esos cara... bineros! ¿Y por qué tienen razón? ¿Porque le pagan a usted unos miserables francos, eh?

Di un puñetazo contra la pared, puñetazo que me quebró el índice de la mano derecha, y lo di contra el muro por no dárselo en la cara a Darío.

Rubén no creyó, tal vez, que sus palabras iban a causarme tanto daño. Pareció arrepentirse.

—Rufino, por Dios, Rufino. Óigame, oiga a su amigo. Mañana mismo me separo de ellos. Mañana...

—Quédese con sus comerciantes —le repuse, yéndome.

Y rompí toda relación con él. Y no solo rompí relaciones, sino que lo ataqué grosera, estúpida, odiosamente. Llegué a decir que era, no un príncipe azul, sino un príncipe amarillo. Lo llamé el chorotega azul. Dije que su riqueza era un fraude, que aquel original era un imitador; que nuestro gran poeta resultaba un rapsoda; nuestro creador un *pasticheur*, que lo suponíamos el mar y no era sino un caracol; que su poesía, de padres europeos y musa chorotega, era mestiza. ¿Qué no dije? Lo ataqué, insensato, hasta en sus versos. Hice, aunque momentáneamente, causa común con gentecilla insignificante que debía todo a la magnanimidad de Rubén, y que Rubén tuvo que separar de su lado. ¡Ah, supieron aprovecharse de mi cólera!

¡Cómo me he arrepentido de aquella mala acción! Me arrepiento de la injusticia con el amigo y del irrespeto al poeta. Una carta desgarrada contra Rubén me pesa sobre todo en el corazón. Por no haberla hecho pública daría ahora una buena túrdiga de mi carne y dos onzas de mi sangre.

¡Cómo no rompí con él silenciosamente! He debido comprender que entre yo, pobre, que no podía darle nada, y aquellos comerciantes ricos, de quien lo esperaba todo, Rubén, dado su carácter, no podía optar por mí.

Tal es, lisa y llanamente, la verdad de mi amistad y de mi pleito con Rubén Darío.

• • •

Transcribiré algunos párrafos, más críticos que agresivos, de lo que escribí sobre o contra Darío en 1911. Aunque injustos, todo lo que se relacione con Darío, debe constar en un libro sobre el modernismo.[44]

Decía entonces del maestro, con el propósito evidente de molestarlo:

Esa poesía contranatura, esa prosa de simios, esa literatura retardataria, debía morir a manos de la vida. Y murió.

Todo en los cuadros del poeta es artificioso e hiperbólico; todo sufre metamorfosis, no a la manera de Ovidio sino a la de Cervantes. Los jamelgos los convierte en centauros, las fámulas en ninfas, las alquerías en palacios. El poeta es, si bien por distintas causas que Alonso Quijano el Bueno, quijotesco. A cada paso vemos reproducirse la escena de los molinos de viento, tomados por desemejables gigantones; pero Rubén Darío, a quien no sigue Sancho Panza porque a Sancho Panza lo lleva dentro de sí, y que carece de la locura heroica del héroe cervantino, se inclina reverente delante de los supuestos gigantes, pide la bendición a los frailes, en vez de acometerlos, y, aunque se expone a burlas, evita las palizas.

El aplauso que granjeó entre los snobs fue unánime. Los snobs, deslumbrados por el exotismo del poeta, rompieron los sombreros y quedaron roncos. Pero su imperio fue. El olmo no podía seguir produciendo peras.

El anhelo lacayuno de conducir como pajes las colas de musas extranjeras, cesó en los poetas americanos, ¡ojalá que para siempre! Ya no se quieren fámulos ni existen colas. El gusto se orienta por nuevos derroteros. Rubén Darío lo sabe. Sabe que se ha sobrevivido. Y el hombre se defiende. Pero nada. Las nuevas generaciones lo abandonan.

Abandonado de las nuevas generaciones que ni lo leen ni lo pagan, se convierte Rubén Darío en poeta mercenario, en versificador a tanto el poema, en lisonjeador lírico de vanidades parroquiales, en turiferario de hombres y pueblos ricos. Parece escucharse el canto de los poetas parasitarios de Grecia y de Roma que prostituían la musa por un mendrugo. Los poetas modernos no tienen, sin embargo, la disculpa que los antiguos: el Mecenas de nuestros contemporáneos es el público. ¿A qué, pues, los acrósticos a

---

44   Desde aquí, hasta donde se indicará en otra nota más adelante, corre la interpolación de lo escrito en 1911. Esta interpolación, naturalmente, no apareció en *El Sol*, como respuesta al profesor Torres-Ríoseco.

Zelaya, las odas a Mitre, los endecasílabos arrodillados a cien personas más o menos pudientes de Buenos Aires? Julio Piquet, Berisso, Bartolito Mitre, Juan Cancio pueden haber prestado servicios a Darío; pero ¿con qué cara canta un poeta en nuestra época, como si fuese un poeta hampón y parasitario, *la tortilla de ostras de Piquet*, llama a Cancio Aroun-al-Rachild, y se envanece en verso de *su confianza con Bartolito*?

> La ingenuidad de mi laurel
> y la alegría de mi rito;
> mi confianza con Bartolito,
> mi amistad con (brandy) Martel.[45]

¿Comprendería José Santos Zelaya, que es un camello, este lindo acróstico de Rubén Darío?

La J es el jacinto
La S es la sardoine
La A es la amatista
La N es la nefrita
La T es el topacio
La O es el ópalo
La S es la sardonix
La Z es el zafiro
La E es la esmeralda
La L es el lapizlázuli
La A es la agua marina
La Y es el imán
La A es la amatista.

Zelaya sí debió de comprender, viendo su nombre simbolizado en piedras preciosas, entre las cuales la de más fulgor es el imán, que se trataba de celebrarlo como a presidente multicolor que es. Así, diría Zelaya: «yo que soy un poco morado, bien puedo ser un presidente zafíreo», mientras que Rubén,

---

45   Julián Martel, escribe Darío.

que por atavismo chorotega, es un poco amarillo, bien puede ser considerado como poeta de topacio. Y mirándose resplandecer en el más fúlgido de los acrósticos, nombró a Rubén Darío rey de los poetas de Managua y ministro de la república en Madrid.

Zelaya fue más propicio a los elogios de Darío que Domiciano a las vilezas de Marcial. El poeta de Roma no fue ministro. El emperador le concedió honores que no se cobraban en metálico, le dio poco en especies. A lo que parece le regaló una casuca mal techada y lo invitaba a comer de cuando en cuando. Eso fue todo. Darío sale mejor librado, y eso que Zelaya corre parejas con Domiciano: ambos soldadotes, ambos iletrados, ambos avaros, ambos déspotas. Hasta imagino de más valer a Zelaya, por haber investido con el honor diplomático y ministerial a su ilustre cantor.[46]

---

46   No sé cómo pude denostar a Zelaya, entonces presidente, en la forma que lo hice, como no sea por el apoyo interesado que daba a Rubén. Zelaya era hombre blanco, demasiado enérgico a veces; pero siempre un espíritu muy liberal y un buen americano. En su ulterior pleito con los yanquis, por no haber querido sométerseles, fue un varón a quien no se le aguó nunca el ojo. Zelaya ha crecido con el tiempo. Los yanquis compraron a los enemigos de Zelaya, conservadores de Nicaragua, financiaron y promovieron movimientos armados contra el gobierno legal, y aun enviaron oficiales estadounidenses en las filas de los insurgidos conservadores. Zelaya cogió a dos de éstos —los oficiales Cannon y Grace— en el acto de volar con dinamita un barco o un tren lleno con tropas nacionales. Los fusiló, a pesar de todas las protestas y todas las amenazas.
Hizo frente a los yanquis como diplomático, como gobernante, como patriota y como soldado.
Zelaya, hoy merece bien de la América. Puede descansar tranquilo en su tumba. Los enemigos interiores de Zelaya han probado lo que valían: la infame familia Chamorro, prostituida a los yanquis, ha entregado el país al monstruo del Norte; ese Díaz, oscuro sirviente, colocado en la presidencia de Nicaragua por los Estados Unidos, recibe en su palacio, como el más dócil lacayo, las órdenes, las propinas y los puntapiés. Estos oscuros domésticos no tienen parangón sino en Juan Bisonte Gómez, el Asesino, también antiguo sirviente que sigue siéndolo y recibe órdenes de Washington.
Los yanquis lo sostienen hace veinte años en el poder, mientras le compran, retazo a retazo, el país. La de Yanquilandia, gente práctica, ha descubierto un medio de sacar algo a su improductiva escuadra. La ponen al servicio de Gómez, contra los revolucionarios, y después de cada servicio pasan la cuenta a Venezuela. Aseguran los diarios de los Estados Unidos que Venezuela no puede tener otro gobierno, y, por tanto, gritan ¡viva Gómez! Últimamente parece que Yanquilandia ha inspirado a Gómez un nuevo método para suprimir a los enemigos.

Los dos poetas, moralmente, resisten mejor el paralelo.

Marcial cantaba a Domiciano, como Rubén a Zelaya y a Mitre, y celebraba las comidas del César como Rubén la tortilla de ostras de Piquet. Cuando murió Domiciano, Marcial lo denostó. Más prudente, Rubén Darío no ha denostado al presidente de Colombia, don Rafael Núñez, su primer protector; pero después de la muerte de este altísimo espíritu, hombre de Estado y hombre de letras como Gladstone, no ha vuelto a escribir el nombre de aquel repúblico, a cuyo lado son Mitre y Zelaya como dos velas de sebo junto al Sol.

Con Porfirio Díaz, presidente de México, siguió el poeta otro procedimiento: el procedimiento de París, más bien que el de Roma. Lo atacó por la prensa. Porfirio Díaz, que es un viejo ladino, comprendió: le puso un sueldo.

Para Darío, como para los sofistas contemporáneos de Sócrates, lo útil priva sobre lo verdadero y lo justo.

Rubén, convertido en porfirócrata, argüirá que un mal hombre puede realizar cosas buenas, o, como ya dijo el Rubén de Roma, el elegante, buido y cínico Marcial:

> ... Quid Nerone pejus?
> Quid thermis melius neronanianis?[47]
> (Libro VII, epig. 34.)

Lo que no puede negarse a Darío es el gran talento literario, la varia y riquísima cultura, la maravillosa organización suya para el canto y el don de convertir, como el rey Midas, en oro lo que toca. Hasta Mitre, aquel pobre hombre, vanidoso y grotesco, célebre como soldado en los fastos del ridículo, pseudo historiador sin escrúpulos que hasta llegó a falsificar documentos (véase *Nuestro Tiempo*, de Madrid, número 163), poetastro de

---

Este nuevo método consiste en condenarlos a trabajos forzados en las carreteras, bajo el Sol de los trópicos, bajo las azotainas, casi sin vestir, casi sin comer. Es el empleado por los yanquis con los patriotas de Haití. Ese es el procedimiento empleado ahora por Gómez con los estudiantes universitarios de Venezuela que han protestado contra la entrega de los terrenos petrolíferos de Maracaibo a los Estados Unidos, contra la continuación del asesino en el poder y contra el régimen de tortura y muerte en las prisiones.

47   ¿Qué peor que Nerón no son los neroneanos? (N. del E.)

musa germanesca, no porque imitase a los germanos, sino porque hablaba en germanía; hasta Mitre, que no tuvo de notable sino las pretensiones, sale de los versos de Rubén Darío vestido de blanco, como para la primera comunión, apostólico, heroico, poético, patriarcal. Rubén lo llama «su capitán», como Whitman a Lincoln.

Rubén Darío no es un campeador, ni mucho menos; si se parece a Cyrano de Bergerac es más bien por lo que surge que no por lo que pende, por el penacho lírico, no por la *rapière* heroica: no ha podido escoger mejor capitán. Jamás correrá peligro de muerte, aunque lo que es correr, correrá.

Mitre cuenta las carreras por las batallas. Durante toda su vida militar no obtuvo sino una sola victoria, entiéndase bien claro, una sola victoria; y esta victoria la obtuvo sin combatir, por convenio con el general enemigo, Urquiza, aquel mismo Urquiza que ya había traicionado a Rosas. Pues bien: Mitre sale convertido en un Gonzalo Fernández de Córdoba de la oda rubeniana, lo que prueba el talento de Rubén. Homero también interesa con la pintura de Tersites. ¡Qué don lírico el de Darío! Deslumbra hasta con sus versos de negocio.

Debemos agradecer al arte de Rubén Darío el servicio prestado de renovación métrica, de emancipación verbal y de desplebeyamiento de la literatura; pero ya que navegamos mar adentro y sin trabas, con buenas máquinas de vapor, y sabiendo hacia dónde nos dirigimos, que es hacia nosotros mismos, debemos aplaudir que haya muerto, ya cumplida su misión, esa literatura rubendariaca de desarraigamiento y artificio, toda galanura verbal y ligereza de espuma, toda exotismo en el sentimiento y rebuscamiento en la forma. Ha muerto: enterrémosla respetuosamente y, recordemos con Longfellow, que es preciso adelantar por encima de las tumbas.[48]

• • •

Cuando Rubén Darío redactó sus *Memorias*, interesantísimas, aunque por extremo someras —allí no está Rubén íntegro—, no se dignó mencionarme. Solo me alude muy de paso para sincerarse de una objeción.

En la historia de sus libros dice:

---

48   Aquí concluye la interpolación de 1911. Continúan los recuerdos a propósito de Darío como aparecieron en el diario madrileño.

«En la serie de sonetos que tiene por título *Las ánforas de Epicuro* hay una como exposición de ideas filosóficas: en La espiga, la concentración de un ideal religioso al través de la naturaleza; en La fuente, el autoconocimiento y la exaltación de la personalidad; en Palabras de la satiresa, la conjunción de las exaltaciones pánica y apolínea, que ya Moréas, según lo hace saber un censor más que listo, había preconizado, ¡y tanto mejor!»

Decir censor más que listo sin complementar la frase equivale a no decir nada. Y eso era, de seguro, lo que deseaba Rubén: aludirme sin ofenderme.

Mi notícula consistía en apuntar no solo la mera coincidencia ideológica con Moréas, sino la expresiva. Moréas, en la «Offrande à l'amour», ambicionó ser:

Apollon sur la lyre et Pan dans les pipeaux.[49]

Y Rubén, más tarde, quiso:

Ser en la flauta Pan como Apolo en la lira.

Semejantes coincidencias son rarísimas en Rubén, poeta creador por excelencia y vivificador de cuanto caía bajo sus ojos pánicos. Añadiré que, si bien Moréas es poeta de mucha cuenta, Rubén Darío lo supera con cien codos.

•••

Pasaron años.

Un día, en pleno ardor de la guerra continental, a principios de 1916, cayó en Madrid la noticia de la muerte de Rubén, ocurrida en su tierra de Nicaragua. ¡Cómo revivió el afecto! ¡Cómo lo sentí! ¡Reencendióse la llama de admiración y de cariño en que ardí por él años y años!

No fui único en lamentar que cayera el atleta, intactas aún sus fuerzas de vencedor del arte; no de la vida, que lo aporreó bastante. Cuanto en España ocupa puesto en primera fila dobló la cabeza sobre el pecho y dejó exhalar un doloroso adiós al poeta. Unamuno, Gómez de Baquero, Alomar, Pérez de

---

49   Apolo con la lira y Pan con las flautas. (N. del E.)

Ayala, Díez-Canedo, los Machado, Cansinos, Bacarisse, Francés, Ardavín, ¿quién no movió la cabeza y la pluma tristemente?

Si ellos lo sentían, ¿cómo no iba a sentirlo yo?

Un joven poeta andaluz, González Olmedilla, tuvo el excelente acuerdo de reunir en haz aquel tan espontáneo y generoso tributo del espíritu de España al Apolo de América.

A mí me pareció aquella corona de siemprevivas buen adorno para la tumba del poeta infeliz. Hice imprimir en libro aquellas páginas dispersas. Y no solo publiqué el libro, en recuerdo de Rubén, sino que le puse estas líricas

Palabras liminares
Mirad cómo un hombre de raza apolínea,
ebrio de canto y Sol,
recoge la ofrenda, fragante y virgínea,
del viejo solar español.

Del viejo solar donde el árbol de vida
reverdece a futuros de amor,
y oculta en la copa garrida
la pluma de la oropéndola y el nido del ruiseñor.

Cuando el apolonida recoge el haz superno,
el haz florido de emoción,
como si en cada brizna palpitase un fraterno
y dolorido corazón;

el árbol solariego todo es aleo, cántico,
miserere, querellas,
porque murió el divino poeta trasatlántico,
Rubén Darío, espigador de estrellas.

¡Ah; cuando se ha tenido la fortuna de ser contemporáneo de un poeta como Rubén Darío no se le olvida jamás! Su desaparición nos deja tristes para siempre.

En Madrid se pensó en erigirle un monumento. ¿Quién nos escogió a Valle-Inclán, a Amado Nervo, a mí, para entender en aquello? Nervo, envolviéndose cauteloso en su egoísmo, como en romana clámide, se despreocupó del asunto. No así Valle-Inclán. Yo tampoco, menos. Valle-Inclán opinó por un busto de mármol negro en el Retiro. A mí me pareció de perlas la idea, salvo el color del mármol. ¿Por qué la piedra oscura para espíritu tan claro? Símbolo antipático además, tratándose de un poeta de América, máxime de un poeta que presumía en sus venas gotas de sangre chorotega o nagrandana.

Mármol rojo, más bien... Y aun así. No es España quien debiera proponerlo. Desentrañando el símbolo, equivaldría a renunciar España en favor de otra raza, por lo menos a la mitad de aquella herencia lírica. «Entre tener las Indias y tener a Shakespeare, preferiría que Inglaterra tuviese a Shakespeare», pensó Carlyle... Es decir, uno que supo de valoraciones.

¿Por qué no se llevó adelante la idea de Valle-Inclán? ¿La realizaremos algún día? «Honrar, honra» —dijo José Martí.[50]

Ensayo «Rubén Darío» en *El modernismo y los poetas modernistas*, Madrid, Editorial Mundo Latino, 1929, págs. 147-188.

---

50 Para que se vea cómo el espíritu de la España oficial es impermeable a todo deseo de mutación, recordaré un hecho relacionado con Rubén. Hace muchos años se resolvió dar a una prestante plazoleta de Madrid, en cuyo centro se yergue un Lope de Vega en bronce, el nombre glorioso de Rubén Darío. Aquella plazuela se llamaba Glorita del Cisne. Aún se llama así. Aunque hace muchos años que se decretó el cambio de nombre y hubo celebración de ceremonia y discursos americanistas de diplomáticos y promesas oficiales de «estrechar lazos», no ha habido tiempo de cambiar las placas municipales. En España, el que se muere, muere de veras.

Lugones

I. El poeta

Leopoldo Lugones, nacido en una de las provincias del norte argentino, Córdoba, figura entre los ases del modernismo hispanoamericano. Cuando se citen los más altos nombres, en las modernas letras de expresión castellana, también se puede y se debe citar el suyo. Aquí no se le da nada que no merezca colocándolo entre sus pares.

Entre los poetas americanos del movimiento modernista tiene Leopoldo Lugones su característica. Rubén Darío fue la elegancia; Nervo, el misticismo; Herrera y Reissig, la insania; Chocano, la espontaneidad. Lugones es la afectación. Es también otra cosa: la retórica. La retórica en la peor acepción. Con todo ¡vigorosísimo, interesante poeta!

Es el más imaginífero y rotundo de la antología modernista. Recorre toda la lira, desde el madrigal hasta la epopeya, desde la geórgica hasta el poema psicológico. Recorrer esos campos no significa triunfar en todos. Su naturaleza de orador poético, de poeta a gritos —que sobrenada por encima de virtudes literarias de menos aparato y grandilocuencia— lo ha convertido en poeta heroico. Tiene la objetividad, el culto ciego a seres y cosas de su tierra: urbes, héroes, rebaños, dehesas, montes, ríos. El sentimiento del terruño supera en él a sentimientos más vastos, como el amor de la humanidad; a sentimientos más precisos, como el amor a la justicia, a la verdad; aun a sentimientos más íntimos, como el amor a la familia, aun al amor sin aditamentos.

Este sentimiento se exagera y desvirtúa en Lugones, por cuanto coincide y se confunde con el nacionalismo político, exclusivista y agresivo.

El mismo afecto del poeta a la naturaleza —afecto retórico más que sentimental— es condicionado: se circunscribe a la naturaleza de su país. No resulta espontáneo, desinteresado, sino al revés: la naturaleza de un metro más allá de los lindes nativos no le interesa. Los pueblos, menos. O si le interesan es solo como factores de oposición a su exclusivismo localista. Pero aquí se entrevera el político abominable con el poeta excelente: descartemos el político por ahora.

Este poeta fuerte carece, por lo común, de exquisitez emocional, conceptual y aun verbal. Aunque él suponga otra cosa cuando madrigaliza y piruetea con la poca gracia de un elefante que bailase lleno de pretensiones de libélula. La fuerza y la gracia no se excluyen: lo gritan las figuras de Miguel Ángel en la tumba florentina de Médicis. No exigimos en Lugones condiciones contrapuestas a sus virtudes de poeta; hacemos constar lo que descubrimos en su obra, que abarca géneros diferentes.

En cambio, ¡qué escultor! Vigorosas figuras salen de su cincel. En realidad es eso: un escultor barroco. Martillea, cincela, esculpe, con la palabra. La mayor de sus condiciones de poeta consiste en un don verbal extraordinario. La segunda, en el don asimilativo. Asimila cuanto le impresiona en ajenos autores, aun los más dispares con su temperamento; y a menudo desfigura, aplasta y supera lo asimilado. En tercer lugar, como virtud de poeta, lo acompaña la imaginación.

La mujer y el amor pasan por sus versos como materia de arte; pero pasan. Tiene poemas e imágenes sensuales («Oceánida», por ejemplo, en *Los crepúsculos del jardín*); pero su estro no desflora doncellas. En «Los cuatro amores de Dryops» evoca cuatro mujeres. Se vale, como Alberto Samain, de nombres y ficciones griegos para objetivar, como Samain, el eterno femenino. «¿Los cuatro amores de Dryops?», amores de inteligencia, no de los sentidos; cuatro conciencias diversas del único dios sin ateos, el sagrado Eros.

Ha querido pintar paisajes; pero no los siente: es mal pintor. Le faltan colores en su paleta y le falta lo esencial: emoción ante la naturaleza. Sus pinturas de la naturaleza son casi siempre retóricas, no emocionales. Un pajarillo le sirve de pretexto a cordilleras de metáforas.

Sensualismo, emoción, ternura, sinceridad, no tiene. Abunda en posturas fingidas. Le sobra afectación. Es duro, férreo, aunque sepa colocar a la musa en el guantelete de hierro una flor y en el casco una airosa pluma encendida.

Serio hasta la solemnidad, solemne hasta el aburrimiento, máxime en prosa, Lugones se permite, por espíritu de imitación, ironizar. Cuando quiere provocar la sonrisa, lo consigue: el espectador sonríe y hasta ríe francamente, no de la ironía, sino del ironista.

No sorprendemos casi nunca la nota melancólica en Lugones, poeta de acero; de acero damasquinado en oro, como los puñales de Toledo.

La afectación que parte límites con la pedancia resulta su estado normal. Y como la afectación es una provincia que también colinda con el ridículo, Lugones se codea con la pedancia por la derecha y con el ridículo por la izquierda. ¿No pretende, según dicen, ser un precursor de Einstein? Su ciencia griega de enciclopedias y su botánica de manuales inducen al buen humor. Pero nada tan gracioso como sus efusiones en latín. El *Libro de los paisajes* lo dedica a la señora Lugones en esta forma:

Coniugi dilectisimæ
Juana González. Intime.[51]

¡A quién se le ocurre ofrecer en latín un regalito a la esposa! ¡A quién hablar con su mujer en los momentos más íntimos y efusivos en una lengua muerta! ¡La pedancia le ha ganado de mano al sentido común! Estas erudiciones conyugales de don Leopoldo solo las supondría uno en algún personaje cómico de Anatole France. Le falta a don Leopoldo la noción del ridículo.

La fuerza de expresión y la riqueza imaginativa y metafórica lo acompañan siempre. Por poco que sople la brisa en sus velas se desliza mar adentro el intrépido nauta. Hasta la delicadeza, que tan a menudo le escasea, suele sacarla del mar en sus buenas horas de pesca. Recuérdese «La vejez de Anacreonte». El viejo poeta siente la ilusión de la juventud. ¡Si fuera posible!

La frente
del poeta inclinóse débilmente
y un calor juvenil flotó en sus venas.

Sintió llenos de rosas los cabellos.
Las temblorosas manos hundió en ellos...
y en vez de rosas encontró azucenas.

---

51   Cónyuge dilectísima, Juana González. De todo corazón. (N. del E.)

Goethe ha podido hacerse amar de una jovencita a los sesenta años y de otra mujer más tarde. Pero la ley se cumple. A la naturaleza, a pesar de Voronov, no se la engaña.

La melancolía que, como advertimos, también le falta, la encontramos también por incidencia en este poeta de tan varios registros. La encontramos en «El solterón», historia de viejo amor juvenil recordado en los años albos de la decadencia y en los momentos vacíos de la soledad. Tan acertado anduvo el poeta que ese lugar común sentimental y literario, nos parece novedoso. «Turguenev tiene uno así.»

El más feo de los vicios literarios de Lugones consiste en la imitación y aun adopción disimulada de lo ajeno: ello indica inescrupulosidad y carencia de una firme conciencia propia. Su personalidad, que creeríamos tan segura y acusada, vive en constante metamorfosis. ¿Cuál es el genuino Lugones? ¿El Lugones-Virgilio? ¿El Lugones-Victor Hugo? ¿El Lugones-Laforgue? ¿El Lugones-Reissig? ¿El Lugones-Pascoli?

Lo que existe en su alma de esencial poeta se sobrepone a menudo, aun cuando menos lo desee o lo piense el autor, a todo, a todo: al mal gusto, a la retórica, a la petulancia, a la imitación. Entonces compone Lugones esos fuertes poemas —como la «Oda a los rebaños y a las mieses»— por donde lo admiramos y por donde pervivirá como uno de los más conspicuos exponentes del modernismo americano.

Su literatura, tanto en prosa como en verso, suele ser literatura de exterioridades, más formal que profunda. Encontramos en ocasiones, bajo sedas y brocados del vestido, no una mujer de carne y hueso, sino un maniquí de mimbre.

El poeta menudea la metáfora altisonante; el verbo montañoso, abrupto. En medio de todo, ¡qué majestad! Parece de veras un león. Hermosa fiera dorada, mayestática, crinuda, con zarpas. Pero aquel león no es un león de veras. La bella fiera dorada no vive sino por la ficción. Su melena es de estambre, sus zarpas de terciopelo. No la temamos: no nos devorará. Es un león; pero un león de alfombra.

II. Literatura mulata. Su psicología

Existe en toda América, desgraciadamente, una literatura especial de la cual Lugones resulta magnífico exponente. Podríamos llamarla literatura mulata. No todos los mulatos la cultivan; ni todos los que la cultivan son mulatos. En Andalucía, en la misma España, no escasean ejemplares de esa literatura; y aun existe, no diremos toda una escuela de pintura española, pero sí muchos pintores que pudieran caber, por algunos aspectos, dentro de ese dictado. No se trata, pues, de ceñirse a un exclusivo concepto de razas.

Consisten las características de semejante literatura, en la total ausencia de sinceridad, en la imposibilidad de ver claro lo que existe y exponerlo con llaneza. Esta literatura divaga y yerra, en vez de poner los puntos sobre las íes. Da el martillazo en la herradura y casi nunca en el clavo. En vez de precisión, el poco más o menos. En vez de pensamiento, lluvia de metáforas. Además, altisonancia, énfasis, petulancia, suficiencia, juicios del instinto y no del razonamiento, incontinencia verbal, barroquismo, afán de deslumbrar por imágenes rebuscadas y con verbo estruendoso.

Pero no solo consiste en eso. Caracteriza a los cultivadores de esa literatura la propia satisfacción, el juicio ventajoso de sí mismo, el desdén de cuanto no se conoce o no se comprende, la adopción de cuanto cabrillea, el suponer que la ciencia viene a resultar cuestión de viveza imaginativa y no de genio investigador. Suele a veces semejante literatura deslumbrar por la expresión, ya delicada, ya vigorosa; nunca o casi nunca por el fondo —y menos por el maridaje de fondo y forma— como en un Shelley entre los ingleses, o un Goethe entre los alemanes.

No es todo. La simulación vive en el fondo de esos autores y es el alma de esa literatura. Todo en ellos y en ella es mentido. Todo simulado: la emoción, la expresión, la creación.

En el bagaje de esos autores, la lectura de enciclopedias y revistas representa el papel que en otros el estudio serio y metódico. Grandes repentistas, lo improvisan todo. A todo se atreven y casi todo les sale, naturalmente mal; o solo a medias, bien. Los conocemos por su abundancia de adjetivos, por su retórica estruendosa. Metafóricos, afectados, imprecisos, carecen de originalidad auténtica, la originalidad auténtica de los verdaderos creadores.

Aun cuando parezcan más personales, siempre los guía, con mayor o menor disimulo, la imitación de alguien o de algo. A veces llegan al plagio descarado; siempre poseen el don asimilativo.

Suelen escribir de asuntos científicos, y entonces ponen títulos de una gravedad extraordinaria, como promesa de una profundidad sin término a sus tristes elucubraciones superficiales y eruditas. A veces, en literatura, embellecen lo que rebañan, porque los asiste el don del ritmo expresivo. Pero el caballo que el gitano roba y el chalán desfigura con adornos, no deja de ser, por desguisado con primor, producto del abigeato.

Tienen los cultivadores de esa literatura la inseguridad en el juicio, la afirmación y la negación rotundas, una enfermiza falta de medida y una absoluta incomprensión del ridículo.

Representan a maravilla esa literatura de mulatos dos contemporáneos nuestros: el argentino Leopoldo Lugones entre los poetas buenos y el venezolano Andrés Mata entre los malos.

Baste comprar las obras de ambos autores y leerlas. Allí se encontrarán casi todos los estigmas de esa literatura.

III. Estigmas de la literatura lugonesca

Observemos, muy de paso, algunos estigmas de literatura mulata en el arte de Lugones.

¿En qué consiste este arte? Tratemos de responder con claridad, para ir comprendiendo y gustando la obra del admirable poeta.

El arte de Lugones está hecho a base de magnificencias verbales. Ya es mucho, se dirá; y así es. Esa intemperancia verbal, en el grado de barroquismo que se produce en Lugones, y sin la profundidad de los grandes poetas, equivale a la exageración verbal que, a expensas de la médula, hemos señalado como estigma de cierta literatura. Tómense como paradigma los cuentos en prosa de Lugones, ya que en prosa es necesario concretar, precisar, decir algo. Pues bien, en los cuentos de Lugones no se dice ni pasa nada, todo es pirotecnia retórica sin sustancia alguna. «Los caballos de Abdera», por ejemplo, son unos caballos muy inteligentes que un día se rebelan y atacan una fortaleza defendida por hombres. Ya están a punto de rendirla cuando se presenta una gran sombra. Es Hércules. Los caballos se dispersan. ¿Cuál ha sido la intención del poeta? Quedamos en ayunas.

Pasemos a los versos. Tomemos una poesía suya.

Desmontémosla como las piezas de un reloj. Que todos perciban el mecanismo y se den cuenta de cómo y por qué la ingeniosa maquinita de bolsillo aprisiona una cosa tan vasta como el tiempo y lo detalla en horas.

Busquemos uno de sus mejores libros, quizás el mejor: *Los crepúsculos del jardín*, escrito en pleno mediodía de su viril talento. De este libro elijamos uno de sus más insignes poemas, uno de los que se juzgaron, al aparecer, más originales. Aquí está. Se titula «Emoción aldeana». Indiscutiblemente es un cuadrito primoroso; el autor despliega su verbo, rocalloso adrede, sus imágenes rebuscadas, un ritmo audaz, lo mejor de su técnica.

Precisemos el fondo, la médula del poema. Se trata de un joven que llega del campo a la aldea con una barba de seis meses. Corre a afeitarse. El barbero le empieza a hablar mal del cura. El cliente le pregunta por sus dos hijas, Filiberta y Antonia. En aquel instante se abre una puerta, por donde entra olor de campo y cacareos de gallinas. La hija mayor del barbero también entra, vestida de blanco, pecosa y ruborizada. El joven que se afeita vuelve la cara. La figura de la joven se refleja en el espejo y da a la escena —el autor dice al paisaje— cierto aire de ingenuidad belga u holandesa. El autor dice de «*antigua* ingenuidad flamenca».

Eso es todo, y nada más.

La sustancia ideológica es nula. Se trata de un cuadrito que se podría llamar de género: una cosa sin trascendencia. Sin embargo, bonita.

La originalidad de la concepción es nula también. El autor ha visto un grabado o un cuadro de campo, tal vez la escena misma en la realidad, y ha copiado.

Queda la técnica. ¿En qué consiste la técnica de este lindo poema? El autor describe, entre familiar y engolado, rebuscando acucioso imágenes que a veces salen felices. No es de ese número, sino todo lo contrario, la imagen en que compara los ojos de la chica con dos huevos fritos. El esfuerzo, en busca de extravagancias para esa sencillez, luce evidente.

Aquí, una de las originalidades, la del ritmo, consiste en seguir la penúltima moda: el versolibrismo. Después de Silva y al par de Jaimes Freyre y otros americanos, Lugones era uno de los primeros que introducían en castellano el versolibrismo, ya viejo en otras partes. En «Emoción aldeana», el verso de cuatro sílabas, de cinco, de siete, de nueve, se trenza con los de diez, de once, de doce. El poeta quita a la música el compás uniforme, ya previsto y sin gracia, de académico golpeteo monótono.

El relato —como hemos dicho— se entrevera sabiamente de llaneza prosaica y de rebuscas de expresión. En resumen, la retórica ha conseguido su objeto. La técnica triunfa.

Leamos el poemita. Veamos con qué gracia entra la joven en la peluquería y en el poemita de Lugones:

Harto esponjada en sus percales
la joven apareció un tanto incierta,
a pesar de las lisonjas locales.
Por la puerta
asomaron racimos de glicinas,
y llegó de la huerta
un maternal escándalo de gallinas.

Sobre el espejo, la tarde lila
improvisaba un lánguido miraje,
en un ligero vértigo de agua tranquila.
Y aquella joven, con su blanco traje,
al borde de esa visionaria cuenca,
daba al fugaz paisaje
un aire de antigua ingenuidad flamenca.

Ya creo que podemos ver claro en el arte de Lugones. Inquietudes metafísicas o trascendentales, no tiene. El poeta parece haber hecho propio el consejo de Horacio a Leuconoe: «Aparta del breve instante de tu vida toda eterna esperanza». Todo en él es adobo exterior. Y ese adobo complicado parece hecho de pacientes rebuscas unas veces y de incontinencia verbal otras. Su barroquismo es natural y su afán de deslumbrar también.

La llaneza prosaica aquí, en este cuadrito de prosa idílica de campo, no sienta mal. La rebusca de expresión, sí; y delata la afectación, el énfasis, ingénitos en Lugones.

Pero hay más en este corto poema. Hay, como veremos, falta de escrúpulos, la asimilación llevada a ese extremo chocante en que ya se confunde con otra cosa y deja de ser una virtud para ser una mala acción. Ese escándalo de gallinas que entra por la puerta de la peluquería es un escándalo, en efecto. Dice Lugones:

> Por la puerta
> asomaron racimos de glicinas,
> y llegó de la huerta
> un maternal escándalo de gallinas.

Pero el poeta uruguayo Julio Herrera y Reissig, también en una escena de aldea, había ya escrito:

> Acá y allá maniobra después con un plumero
> mientras por una puerta que da a la sacristía,
> irrumpe la ruidosa turba del gallinero.

Dos hojas del mismo árbol, dos perlas de la misma concha, dos gotas de la misma fuente, dos huevos de la misma gallina. Sin embargo, hay diferencia. Literatura de creación en el uno, literatura mulata en el otro.

IV. Barroquismo y simulación

Lugones es, ante todo, como se ha dicho, poeta objetivo, heroico; y, como vemos, poeta que, queriendo simular una gran originalidad, se ciñe, a veces demasiado, a los modelos que le gustan. Recuérdese otro poema, que descubre sus cualidades de poeta heroico, sin llegar a la coincidencia con nadie; pero tampoco sin otra originalidad que la simulada. Este poema es aquel en que celebra a uno de nuestros héroes más ilustres, San Martín. El poeta lo llama Él, como Victor Hugo a Bonaparte: *Lui*. Y continúa víctorhugueando a conciencia:

Era el luminoso cómplice de la aurora,
el fiero concurrente del Destino. El consorte
de la espada. Él era su estrella. Un solo corte
de su acero hizo trizas el baluarte funesto
de la sombra. El crepúsculo decía: «soy su gesto»,
y el prodigio: «soy su caballo».

Tan pedestres imitaciones, que aunque no lleguen al plagio lo bordean constantemente, han hecho prorrumpir en aplausos a jóvenes de las islas infortunadas; o del «ingenuo continente», como lo llama Tristan Marof; o del «continente estúpido», como lo llama —a veces creemos que con razón— Baroja. Solo que Baroja, por su literatura, parece a menudo hijo legítimo de aquel continente que tan donosamente ha calificado.

La técnica de Lugones suele cambiar, como veremos adelante, según los modelos. Pero podemos fijar desde luego las grandes líneas de su personalidad y de su literatura: ampulosidad, petulancia; en vez de ideas propias, el recuerdo ajeno; en vez de un pensamiento profundo, lluvia de metáforas; adopción de lo que cabrillea, abundancia de adjetivos, retórica estruendosa, una enfermiza falta de medida, simulación, carencia de efectiva y potente personalidad.

Conocemos, aunque de paso, su técnica. Esa técnica que conocemos de Lugones —y las variantes que, según distintas influencias extrañas, iremos viendo en toda su obra—, lo colocan en los antípodas de un Rodó, de un Ricardo Rojas, de un Arguedas, de un O'Leary, de un Froilán Turcios, de un Díaz Rodríguez, de un Francisco García Calderón, hombres todo sinceridad, medida y número.

Antípoda también ese arte gritón, barroco e insincero del arte de un Racine y de un Renan. Antípoda del arte de un griego, aunque ese griego fuera, no de Atenas, sino de Alejandría: arte barroco, recargable, abundante follaje, en pámpanos y también, a veces, en frutas: traslúcidos racimos de uvas, ponderosos racimos de plátanos.

No todo en Lugones ni en su arte se puede ver por encima del hombro: el vigor lo distingue y le da empaque. Este poeta es muy superior a la ruin literatura mulata en que, sin embargo, ha caído... De esos abismos se levanta a veces y echa a volar orgulloso, con sus enormes alas de cóndor, por el espacio infinito, mirando sin pestañear el Sol.

V. La ausencia de personalidad en Lugones

Con las auténticas virtudes literarias de Lugones habría suficiente para formar un poeta de muy aventajada estatura. Él ha querido ser más: el Júpiter de Gauchópolis. Solo consigue provocar el buen humor. A este poeta que aspira al puesto vacante en cualquier parte de poeta nacional, lo llaman las alegres juventudes argentinas, «el poeta de *La Nación*».

Conocemos las principales virtudes literarias de Lugones y las admiramos sin reticencia: fuerza expresiva, exhúbera imaginación, frecuente felicidad de imágenes, don escultórico en el verso, habilidad descriptiva, dominio técnico, capacidad de asimilación. Lo aplaudimos como autor de algunos de los más bellos poemas que ha producido el modernismo en América y en España.

Sus deficiencias también las conocemos y vemos que, por algunas de ellas ha caído a menudo en cierta literatura turbia que conviene desprestigiar.

Con todo, parece flotar por encima de nuestra crítica la virtud literaria y social que más se aplaude en todo el mundo y que casi todo el mundo reconoce en Lugones: personalidad. Conviene aclarar el punto. A primera vista parece, en efecto, que este poeta ha sido dotado por la naturaleza de una personalidad vigorosísima. Si analizamos un poco, advertimos que la verdad es otra: que Lugones carece en absoluto de personalidad. A menos que su personalidad consista en no tener ninguna.

Lo primero, precisemos en qué consiste la personalidad. La personalidad consiste en que las ideas y los acontecimientos nos hagan reaccionar en el sentido de la sinceridad de nuestra naturaleza; y que esta naturaleza sea bastante vigorosa para resistir acontecimientos e ideas, a veces dominarlos, otras veces aprovecharlos y a menudo dirigirlos, sin que unos ni otras nos envuelvan y nos dominen. Tener personalidad equivale a ser siempre el mismo, sin poderlo no ser.

Leopoldo Lugones es la antípoda de la precedente definición. No es él mismo jamás. Cada lectura le hace torcer de rumbo. No tiene unidad en las ideas: del socialismo ha pasado al nacionalismo, y de la extrema izquierda, por influencia de los magnates de Buenos Aires, a la extrema derecha. En literatura tampoco resulta monolítico, sino hecho de piezas de mosaico. Carece de uniforme estilo en prosa y en verso. Viene a ser, en cada uno de sus libros, uno distinto. A veces antagónico con el precedente. Y no por la virtud polifacética del diamante y de algunos hombres de genio, que se conservan sustantivamente los mismos por cualquiera de sus caras, sino todo lo contrario: porque el espíritu y el arte de Lugones tienen la inconsistencia del vapor de agua y la mutabilidad del trapo de la bandera, bajo la acción del viento.

La ausencia de personalidad es la peor de las calamidades: a ella debe Lugones sus caídas.

Como existe quienes confunden la retórica con el espíritu y, olvidándose de la psicología, reconocen al poeta una personalidad de mucho relieve, vamos a seguir a Lugones al través de toda su obra, libro por libro. Veremos lo que resulta de nuestra excursión.

a) El prosista

¿Cuál es el Lugones auténtico? Al primer momento no podríamos responder. Será el prosador de período largo, oratorio, a la española, de *El imperio jesuítico*, o el prosista de período quebrado, asmático, abrupto, del *Elogio de Sarmiento*. De nuevo el estilo del prosista cambia en *La guerra gaucha*: es que ya Lugones no lee los cronistas españoles que leyó para escribir sobre los jesuitas del Paraguay, sino a Georges D'Esparbes, en cuya *Leyenda del águila* se inspira para escribir *La guerra gaucha*.

b) El poeta

Tal vez demuestre mejor su personalidad en verso.

Las montañas del oro, ¿a quién reflejan, a Lugones o a Victor Hugo? *Lunario sentimental*, ¿a quién refleja, a Lugones o a Jules Laforgue? *El libro de los paisajes*, ¿a quién refleja, a Lugones o a Giovanni Pascoli? ¿A quién reflejan *Los crepúsculos del jardín*, a Lugones o a Julio Herrera y Reissig?

¿Cuál es el verdadero Lugones? ¿El que imita a Victor Hugo? ¿El que se confunde con Laforgue? ¿El que se inspira en Pascoli? ¿El que sigue a Herrera y Reissig?

Victor Hugo, Laforge, Pascoli, Reissig: almas tan opuestas como los cuatro puntos cardinales del horizonte. No se pueden unir en hombre alguno el alma encendida, pasional, de Victor Hugo con el alma fría, irónica de Laforgue; ni el alma de paloma de Pascoli con el alma torturada de Reissig. Sin embargo, Lugones realiza el milagro: un día aparece con la cara de uno, otro día con la de otro. Lo que no percibimos es la cara del propio Lugones. Al fijarnos, se descubre que esas caras adventicias de Lugones no son caras, sino caretas. Todo simulación.

c) Actor y autor

Cuando un actor representa, ya no es él, sino el personaje en quien encarna... Cuando concluye de representar el *Rey Lear*, o Segismundo, o Tartufo, o el don Juan, queda él mismo, hombre de carne y hueso que no es rey estrafalario, ni príncipe en quien se cumple la ley del destino, ni bribón que vive para la hipocresía, ni galán de profesión.

El autor es otra cosa. Reflejado él mismo en su obra, permanece siempre quien es, dentro y fuera de su obra. ¿Es Lugones un actor o un autor? Después de Lugones-Hugo, Lugones-Laforgue, Lugones-Tartufo, Lugones-Don Juan, ¿nos encontramos con una verdadera personalidad o con un simulador que, fuera de las tablas, quiere continuar en la vida siendo galán, bribón, príncipe y rey? ¿Se trata de un buen actor que adopta pasajeramente el alma ajena, o de un poeta que no traiciona su alma propia y no se desprende nunca de ella? ¿De quién se trata?

d) Las montañas del oro

Victor Hugo influye, no solo directamente, sino también al través de victorhuguistas americanos, como el argentino Almafuerte y el brasileño Cruz Conde —según los críticos han dicho—, en *Las montañas del oro*. Oíd un momento:

«Como los carros sonantes corren por la paralela de hierro, en pos del corcel de hierro, cuya alma es un trueno de hierro y cuyos bronquios de hierro tosen el huracán... gran caballo negro... gran caballo comedor de fuego, gran caballo de temblor de enormes músculos lanzado, con una nube en las narices..., gran caballo negro al cual no se ve sudar.»

Basta. No solo Victor Hugo y victorhuguitos menores, de Brasil y de Argentina, dejan su huella en esas montañas. Apologistas del poeta hablan de otras influencias.

Uno de ellos, tratando de *Las montañas del oro*, hizo este extraño elogio: «la labor de Lugones, no siendo original, es más bella y más útil». (Juan Más y Pi, *Leopoldo Lugones y su obra*, Buenos Aires, 1911, pág. 26.)

e) Lunario sentimental

Anduvo el tiempo. Victor Hugo ya no estuvo de moda, sino Laforgue. El parecido de *Lunario sentimental* con *L'imitation de nôtre dame la lune*, llega a la identidad. Ambas obras podrían confundirse. Es decir, se podría empezar una letanía de Laforgue a nuestra señora la Luna y continuarla en otra de las letanías, a la misma señora nuestra, de Lugones. Nadie advertiría que no se trata de la misma cosa, en el mismo estilo, con los mismos procedimientos, muy a menudo con las mismas imágenes, a veces hasta con las mismas palabras.

Un buen crítico de Buenos Aires, tan verídico como prestigioso, don Roberto F. Giusti, puntualizó las semejanzas que llegan a ese punto en que toman un nombre bastante feo. Yo mismo, hace muchos años, antes de conocer la crítica de Giusti, fui llenando pliegos y pliegos de papel, con las analogías, llamémoslas así. Trabajo inútil. ¡Qué ganamos con saber que si Laforgue llamó a la Luna esto y aquello y lo otro, en comparaciones las más atrevidas y extravagantes, Lugones, con el mismo procedimiento, coincide con él! Hoy hasta afirmaría que Lugones sobrepasa a Laforgue en rebusca de las más fantásticas comparaciones y las más heteróclitas sugerencias. ¡Qué importa que Lugones parangone a la Luna con un queso, con una bola de billar, con un huevo, que la llame siempreviva, hostia, «ombligo del firmamento»!

Y que Laforgue la bautice también:

Vor tex-nombril

de tout-nihil,[52]

¡y la llame las mismas cosas de Lugones u otras análogas, como eucaristía y fuente bautismal de los blancos Pierrots! ¡Qué importa que coincidan aun en rimar latinajos! Lo que importa es lo esencial, y lo esencial es otra cosa.

Lo esencial es que Lugones, poeta épico de una seriedad de espíritu casi lúgubre, que por la rotundidad de sus frases, la truculencia de sus imágenes y la pasión política pudo muy bien mostrar los bíceps de púgil y vestir el peplo escarlata de los discípulos de Hugo, haya cambiado súbitamente de alma y aparezca ahora con la sonrisa escéptica de Laforgue y la corona de ironías extravagantes que lo caracteriza.

Lugones haciendo de Laforgue está por completo fuera de las aptitudes espontáneas de su espíritu. ¡Qué violencia para convertirse el apasionado y circunspecto Lugones en un poeta escéptico y burlón!

f) El libro de los paisajes

Violencia mayor aun en el caso de Pascoli, blandengue y dulzón campesino de la Romagna. La ironía de Laforgue se convierte en sentimentalismo. Y un poeta gris, de acero, que carece de colores y además de ternura y del don de emocionarse y de emocionar, se metamorfosea de la noche a la mañana en un paisajista y en un sentimental. Ya no es Lugones el Victor Hugo apasionado, ni el Laforgue escéptico, sino el Pascoli blandujo.

El vigoroso poeta que ha entonado églogas como Virgilio celebra ahora «la hora azul». El magnífico escultor de los toros de la pampa se pone ahora a cantar los pajaritos. A la grandiosidad virgiliana de la égloga *A los rebaños y las mieses*, suceden los flébiles trémolos de los jilgueros y poemines de Pascoli.

Y no se trata de abundancia de paleta, ni de multiplicidad de cuerdas y de voces. Se trata de insinceridad, de adaptación de lo ajeno, de cabriolear retórica e inútilmente, de imitación, de falta de personalidad. El bajo profundo ha hecho esfuerzos por dar el do de pecho como su amigo el tenor. Y como a la naturaleza no puede forzársela más allá de ciertos límites, *El libro de los paisajes* resulta un poema contra natura.

---

52   [Vor tex] torbellino-ombligo de todo-nada [nihil]. (N. del E.)

De los paisajes, no hablemos. Lugones no siente el paisaje, como no sea el paisaje adecuado a su temperamento fuerte y exhúbero: la pampa verde sellada de potros y de toros, la cordillera de nieve cruzada de cóndores. Y aun así. Paisajista no lo es. En *El libro de los paisajes* apenas se ven los landscapes: lo que se ve es al autor de Myricae, de los Canti de Castelvechio, etc., a Giovanni Pascoli.

Hace muchos años, en 1903, a raíz de un viaje por Italia, se entretuvo el autor de estas líneas en traducir algunos *poemetti* de Giovanni Pascoli. En *Pequeña ópera lírica* (Madrid, 1904), publicó una de esas versiones. Se trata de la desesperación del pajarillo que no encuentra su nido: los hombres se lo han deshecho. Ahora nos tropezamos en los versos de Lugones con aquel triste pajarillo de Italia, viejo amigo tan conocido nuestro. Que se nos permita insertar la versión:

La encina caída

La encina yace en tierra, sobre el campo
que ayer no más cubrió de sombra extensa.
Cesó el luchar con fieros vendavales...
La gente dice:
—¡Ay, Dios, cómo era inmensa!
Entre las ramas se columpian nidos
que la alta encina cobijó piadosa;
pobres nidos de abril. Y el populacho
prorrumpe:
—¡Ay, Dios, cómo era generosa!
¡Y todos hacen de la encina leña!
Y al partir, ya en la noche, hacia el hogar,
oyen el desespero de una tórtola
que busca el nido sin poderlo hallar.

Ahora conozcamos el pajarito de Lugones que, si no fuera el mismo, se le parece como un hermano:

El nido ausente

Solo ha quedado en la rama
un poco de paja mustia,
y en la arboleda la angustia
de un pájaro fiel que llama.

Cielo arriba y senda abajo
no halla tregua a su dolor,
y se para en cada gajo
preguntando por su amor.
Ya remonta con su queja,
ya pía por el camino,
donde deja en el espino
su blanda lana la oveja.[53]

Pobre pájaro afligido
que solo sabe cantar,
y cantando llora el nido
que ya nunca ha de encontrar.

La capacidad de imitación de nuestro original Lugones parece ilimitada. No todo en *El libro de los paisajes* es imitación de Pascoli, como no todo en *Los crepúsculos del jardín* es imitación de Herrera y Reissig. Hay otros favorecidos.

En *El libro de los paisajes* encontramos, por ejemplo, unos Pajaritos de invierno, que son del más puro Díazmironismo.

...Y en el pío
que tritura fantástica miga,
gime ya la miseria del frío.

---

53 La estrofa entera sobra: ya dijo que subía y bajaba adolorido. Además, los dos versos subrayados son puro ripio. Por último, la imagen de la oveja que deja su lana en los zarzales, es de Victor Hugo, de Andrés Bello, y hoy un lugar común.

145

Escarbando una vieja boñiga,
saltan, pican, sumisos, menudos,
al rigor de la racha enemiga.

Sobre el gris de los campos desnudos,
su pío inocente mendiga.[54]

Y junto a Salvador Díaz Mirón, aparece también, donde y cuando menos
lo esperábamos, Rubén Darío.

La payita se llama Sidonia,
llegó a México en una barriga:
en el vientre de infecta mendiga
... del fango sacada en Bolonia.
El cardón, el nopal y la ortiga...,
el aire trasciende a boñiga,
a marisco y a cieno, y el mosco
pulula y hostiga.
(Lascas.)

Fútil cantora, sonora cigarra,
en la alegría de tu aire pueril
crispa su prima sutil mi guitarra,
bate su parche mi azul tamboril.

El sabor de ese lírico postre lugonesco lo conocemos. ¿No es el mismo
sabor que dio Rubén Darío a su elogio de la guitarra?

Urna amorosa de voz femenina,
caja de música de duelo y placer:
tiene el acento de un alma divina,
talle y caderas como una mujer.

---

54   La música es completamente mironiana.

g) Los crepúsculos del jardín

Dejemos *El libro de los paisajes* y tomemos *Los crepúsculos del jardín*. Este libro nos depara sorpresas máximas. La primera, ésta: Lugones, que no se ha vuelto loco, ni padeció de taquicardia, ¿cómo puede coincidir en sentir y pensar con Herrera y Reissig? ¿Cómo pudo acelerar el ritmo de su corazón anormalmente hasta ponerlo a par con el del enfermo uruguayo? ¿Cómo pueden parecerse cerebro y sensibilidad del equilibrado burgués don Leopoldo Lugones a los de un bohemio hiperestésico en quien la máquina de la relojería que llevamos en la cabeza no anda muy bien?

Misterio.

La coincidencia resulta evidente. Mayor que en los casos anteriores, porque la lengua es la misma y no existe previo trabajo de adaptación. La adaptación se hace adopción. El trabajo se simplifica. Basta copiar con más o menos disimulo.

Lo primero que se ha copiado en el caso de Herrera y Reissig es el temperamento; lo segundo, la técnica; lo tercero, los detalles.

Cuando el opulento burócrata don Leopoldo Lugones, en la imperial Buenos Aires, publica el año 1905 *Los crepúsculos del jardín* —que difieren de toda su obra anterior y ulterior—, ¿quién se acuerda del melancólico, paupérrimo y alocado bohemio de Montevideo, el atormentado poeta Julio Herrera y Reissig? En vano podía gritar que aquello era suyo desde la mocedad; desde que empezó a escribir, a ser él mismo. Cuando se pierde una gallina, el desarrapado que pasó por nuestra quinta ha sido, de seguro, el ladrón.

Entretengámonos un poco. La cuestión es pasar el rato.

Copiemos unos de los más débiles sonetos de Herrera y Reissig; pero en el cual esté ya en germen toda su técnica. Escojamos:

Óleo brillante

Fundióse el día en mortecinos lampos,
y el mar y la cantera y las aristas
del monte, se cuajaron de amatistas,

de carbunclos y raros crisolampos.

Nevó la Luna y un billón de ampos
alucinó las caprichosas vistas,
y embargaba tus ojos idealistas
el divino silencio de los campos.

Como un exótico abanico de oro
cerró la noche en el pinar sonoro...
Sobre tus senos, a mi abrazo impuro,
ajáronse tus blondas y tus cintas.
Y erró a lo lejos un rumor oscuro
de carros, por el lado de las quintas.

Ya vemos de qué se trata. El amor se diluye en un sentimiento panteísta de la naturaleza.

Primera cuarteta. La tarde de tintes amarillentos y de amatista es una decoración que va del topacio o crisoberilo al morado violeta.

Segunda cuarteta. Los enamorados se ocupan de su amor. Va cayendo la noche. El sentimiento panteísta aparece y se mezcla con el amor. Surge la Luna, en la quietud del pinar, asilo donde se acogen. «Embargaba tus ojos idealistas el divino silencio de los campos», dice el poeta.

Tercetos. La naturaleza contempla, indiferente, el amor de los amantes. Ese amor armoniza con ella, por ser también una cosa natural. En la delicia inerte de la amada observa el amante, simbólicamente, las blondas ajadas. La vida sigue su curso. A lo lejos, rumores.

Ahora, un soneto de Lugones, que se parezca deliberadamente a ése de Herrera y Reissig. Hay que fijarse bien, porque al principio la semejanza no aparece clara, sino solo en el ritmo.

Delectación amorosa

La tarde, con ligera pincelada,
que iluminó la paz de nuestro asilo,

apuntó en su matiz crisoberilo
una sutil decoración morada.

Surgió enorme la Luna en la enramada;
las hojas agravaban su sigilo,
y una araña en la punta de su hilo,
tejía sobre el astro, hipnotizada.
Poblóse de murciélagos el combo
cielo, a manera de *chinesco biombo*;
tus rodillas exangües sobre el *plinto*

manifestaban la delicia inerte;
y a nuestros pies un río de jacinto
corría sin rumor hacia la muerte.

Abrid bien los ojos y el cacumen y veréis la semejanza; y comprenderéis que la semejanza ha sido perseguida con disimulo. Lo que es espontaneidad en el creador, es estudio y acomodo en el simulador.

El amor, en el soneto de Lugones, como en el soneto de Reissig, se diluye en un sentimiento panteísta de la naturaleza. Los medios para obtener esta impresión, resultan idénticos en el argentino a los que empleó el uruguayo.

Primera cuarteta. La tarde de tintes de crisoberilo o topacio, asume matices de violeta: «una sutil decoración morada», dice Lugones.

Son hasta los mismos tonos de crepúsculo —topacio y amatista— que en Reissig.

Segunda cuarteta. Los enamorados se ocupan, tácitamente, de su amor. La noche ha caído y aparece la Luna. El sentimiento panteísta surge y se mezcla con el amor.

La coincidencia tiene en su contra el consonante. Pero la idea es la misma. El consonante es un *ilo*. Lugones, buscando quizá en el diccionario la palabra crisolampo, que empleó Reissig, encontró crisoberilo... De ahí el consonante.

Tercetos. La naturaleza contempla indiferente (lo mismo que en Reissig) el amor de los amantes. Ese amor armoniza con ella, por ser también una

149

cosa natural. La vida sigue su curso. A los pies de los amantes corre, silencioso, un río. Es decir, como en Herrera y Reissig, la vida sigue su curso.

Supongo que no habrá quien desde ahora dude de la identidad de procedimientos. El crimen siempre deja huellas. Advirtamos las huellas del que emplea un procedimiento a que no está acostumbrado, que no es suyo. Lugones, al evocar el cuadro de la naturaleza en la enramada donde se aman sus enamorados, como los de Reissig en un pinar, echa a perder la evocación... con ese *chinesco biombo*. Ese *chinesco biombo* no es obra de la naturaleza, sino de la industria. El *plinto*, además, resulta un ripio y una mentira: no ha dicho que en la enramada donde están existiese plinto alguno...

El correr del río hacia la muerte ya es asunto diferente. Si no ocurre como casual expresión, o por fuerza de consonante, sino como imagen de intención y sugerencia deliberadas, ese correr del río hacia la muerte —fin del amor y de todo— puede ser una de las felices expresiones en que abunda este poeta, un rasgo magnífico, un simbolismo que deja el soneto de Reissig a cien codos por debajo.

En Lugones ocurre a menudo semejante fenómeno. Ennoblece lo que toca, sublima lo que imita. Un rasgo, una imagen, una frase, una idea le bastan y lo que flotaba a ras de tierra, se remonta a lo infinito. Solo un poeta del temple de Lugones lograría semejantes triunfos.

Porque Lugones, aun en sus peores momentos de calco, no es un vulgar cleptómano, sino, principalmente, el más fabuloso asimilador. Se dice fabuloso adrede. Todo en este poeta es tan excesivo, que algunas de sus virtudes literarias, entre ellas el don asimilativo, parecen fabulosas, tan grandes son.

Y, a veces, aun cuando imite abiertamente, mejora, supera lo imitado.

En «El baño», un soneto, dice Herrera y Reissig de tres doncellas desnudas:

se abrazan a las ondas
que críspanse con lúbricos espasmos masculinos.

Lugones, en otro soneto, otro baño, mejora la osada imagen en esta forma:

el mar, lleno de urgencias masculinas.

Todo el soneto de Lugones, «Oceánida», ¡qué maravilla! ¡Qué tercetos!

Palpitando a los ritmos de tu seno,
hinchóse en una ola el mar sereno;
para hundirte en sus vértigos felinos

su voz te dijo una caricia vaga,
y al penetrar entre tus muslos finos,
la onda se aguzó como una daga.

Aun cuando se inspire en alguien, saben su imaginación y su pluma transformar y engrandecer las cosas a tal punto e imprimirles tan marcado sello de magnificencia verbal, que el vulgo y la clase media literarios, cuantos no tengan los ojos muy abiertos, lo suponen siempre, no solo original, sino originalísimo.

Más claro se perciben, naturalmente, aquellas analogías en que el poeta usa de menos artificio.

Herrera y Reissig, en el soneto «Decoración heráldica», hablando de su amor, concluye:

Buscó el suplicio de tu regio yugo,
y bajo el raso de tu pie verdugo,
puse mi esclavo corazón de alfombra.

Y Lugones concluye su lindo soneto «El color exótico», con el terceto siguiente:

Se apagó en tu collar la última gema,
y sobre el broche de tu liga crema,
crucifiqué mi corazón mendigo.

Semejantes coincidencias, aunque menos esenciales que otras son las que no escapan, por de mayor bulto, a los ojos más miopes. Ni ojos se necesitan para percibirlas. Bastaría el tacto.

Creo que quedamos ahora de acuerdo. ¿No es eso? Existen en Lugones virtudes literarias de primer orden y defectos y debilidades de primer orden también.[55]

h) Odas seculares

El más perfecto libro de Lugones, tal vez sea *Los crepúsculos del jardín*. El mayor, en espontaneidad, en espíritu americano y en estro sostenido, las Odas seculares. Entre las Odas seculares sobresale la geórgica que lo llena casi por sí sola, «A los ganados y las mieses». Lugones ha ganado la carta de ciudadanía americana con este poema argentino. Argentino; es decir, nuestro. Lugones realiza en virgiliano acento, por manera magnífica, aquel voto de Andrés Bello, no profético, sino de sentido común:

> Tiempo vendrá cuando de ti inspirado
> algún Marón americano, ¡oh, diosa!,
> también las mieses, los rebaños cante...

Lugones, en efecto, como el propio Bello, como Landívar el guatemalteco, como el colombiano Gutiérrez González y el venezolano Lazo Martí, canta las faenas agrícolas americanas, las pampas, los montes, las mieses y los rebaños. Los canta con más amplitud que Lazo Martí, más potencia que Gutiérrez González, más soltura y abundancia que Bello y no en latín exótico a manera de Landívar, sino en nativo castellano criollo... Pero con todos ellos tiene estrecho parentesco. En Landívar, en Bello y en Lugones subsiste la preocupación clásica, la imitación de las geórgicas. Tanto Landívar como Lugones apuntan, al iniciar sus cantos, lo que van a cantar, lo mismo que

---

55 Cuando publiqué en París, en 1912, el prólogo a *Los peregrinos de piedra*, a uno de los incondicionales de Lugones le pareció irrespeto el que se apuntase con el dedo a don Leopoldo. Aquel incondicional publicó en el Plata un folleto anónimo —que por anónimo ha quedado sin respuesta, y porque no la merece— con este curioso título, revelador de toda una psicología: *Una audacia de Rufino Blanco-Fombona*. La audacia consistía en defender a un muerto.

Virgilio. Cantaré los lagos azules de México, promete Landívar, el volcán de Jorullo, los palacios del castor y las minas del Anáhuac. También cantará el añil, la grana, los rebaños...

Lugones, por su parte, promete cantar y canta el lino, el trigo, el maíz, las vacas, las ovejas, la leche, las abejas, etc.

Ambos poetas se muestran sumisos a la influencia de Virgilio, que al frente de cada uno de sus cuatro libros de *Las geórgicas* expone, como todo el mundo sabe, el motivo de su canto y que resume, en el primero, así:

> Quit faciat lætas segetes, quo sidere terram
> Vertere, Mæcenas, ulmisque adjungere vites
> Conveniat, quæ cura boum, qui cultus habendo
> Sit pecori, apibus quanta experientia parcis,
> Hine canere incipiam...[56]

Aunque se vaya Lugones, como el Dante, tras la sombra de Virgilio y aun de modestos Marones de América, arraiga en nuestro suelo, viene a ser un producto de la tierra, un fenómeno natural. A los desarraigados da el magnífico poeta esta magnífica lección:

> Feliz quien como yo ha bebido patria
> en la miel de su selva y de su roca.

Beber patria, aunque sea en la roca, no basta. Tampoco basta el que sea en la miel de la roca y no en la miel del panal. Tampoco el que beba la miel, en vez de comerla. Hay también que ser poeta y no convertir el sentimiento artístico del ambiente en un estrecho nacionalismo, sea literario, sea político.

---

56   Qué arte produce las rientes mieses, bajo qué astros conviene labrar la tierra y enlazar las vides con los olmos, qué cuidados exigen los bueyes, cómo se multiplican los ganados, cuánta industria es necesaria para la educación de las guardosas abejas; eso es, Mecenas, lo que yo quiero cantar. Versión de Francisco de Montes de Oca sobre la traducción de Manuel Machado. (N. del E.)

i) El libro fiel

Leopoldo Lugones, exagerado en todo, después de haberse querido beber o comer a su patria —¡Ogro!— ha cometido el mayor ripio que se conoce. Su obra en versos caseros El libro fiel, es un ripio en doscientas páginas. Enorme ripio, admirémoslo solo por su magnitud y pasemos de largo.

¿Hemos encontrado en nuestra excursión por las principales obras de Lugones una originalidad auténtica, una personalidad única? El lector se lo responderá a sí mismo y podrá rebatir a los que han creído ver en Lugones una personalidad de mucho relieve.[57]

---

57 Don Horacio Quiroga, ilustre escritor del Plata, autor de cuentos que han encantado a cuantos han tenido la fortuna de leerlos, rebate (El Hogar, Buenos Aires, 17 de julio de 1925) la opinión expuesta por mí en el Prólogo a Los peregrinos de piedra, edición de París, antes de la guerra. Lugones no ha imitado a Herrera y Reissig. La verdad es lo contrario. Plausible que un personaje de la importancia de Horacio Quiroga tercie en pro de la verdad. Y mejor él que siendo tan amigo de Lugones haya conocido a Herrera, aunque la relación con éste haya al fin dejado de ser afectuosa. ¿Será el señor Quiroga buen cuentista hasta en las polémicas? Dice Horacio: «El señor Fombona hace constar aquí (en el prólogo mencionado), del modo más incontrovertible, que mientras los sonetos aludidos de Herrera y Reissig aparecían desde 1900 a 1904, Los crepúsculos del jardín veían la luz pública en 1905.» «El error del señor Blanco-Fombona consiste en atribuir a la fecha de aparición de un libro, compuesto de recopilaciones, la fecha real de aparición de cada uno de sus poemas. 'Los doce gozos', pieza de litigio en este caso, vieron la luz pública a comienzos de 1898, en la revista La Quincena, de esta capital (Buenos Aires).» Primero, una aclaración: No se trata de «Los doce gozos», que yo ni siquiera he mencionado. Se trata de la obra Los crepúsculos del jardín, de Lugones, en relación con Los parques abandonados, Los éxtasis de la montaña y, en general, con el estilo literario de Herrera y Reissig, anterior y posterior a Crepúsculos. No se trata de que Herrera y Reissig haya escrito sonetos del género «Gozo», sino de que Lugones haya escrito sonetos del género Herrera.

Y vamos a las fechas. No puedo, habitando en Madrid, ir a un periodiquito desaparecido de Buenos Aires, llamado La Quincena, a hurgar en las colecciones y ver si hay tales o cuales sonetos de Lugones. Lo creo, si Quiroga lo afirma. Y comento: para 1898 Lugones publicaba Las montañas del oro, y tenía entonces un estilo muy diferente al estilo de Crepúsculos.

Y como la lógica de Quiroga aplicada a Lugones reza también para Herrera y Reissig, diré que éste, antes de publicar sus obras, las había escrito. Diré más: diré que antes de llegar, en 1900, al dominio de su arte, ya se habría hecho la mano en años anteriores. En realidad,

VI. Ideas y opiniones

Averigüemos el norte ideológico —ideas y opiniones— del caballero don Leopoldo. Aunque no sea hombre de ideas, sino de instintos, debe poseer, como todo el mundo, una ideología rectora.

Desentrañemos esa ideología.

Todo induce a creer que ha sido víctima, en sus años maduros, de Stirner y de Nietzsche.

En los años juveniles figuró con estridencia entre los discípulos de Karl Marx; después cambió de rumbo. Pero no solo Nietzsche y Stirner tienen la culpa, sino su traslado de la provincia universitaria, pobre, a la gran capital rica y burguesa.

El poeta vio claro. En Buenos Aires, la fortuna sonríe a los audaces; las prebendas son para los que, en una u otra forma, apoyan a la burguesía opulenta y la injusticia que en sus millones la perpetúa. Vio claro y tuvo el poco envidiable valor de no vacilar. Los periódicos y los gobiernos conservadores, naturalmente, abrieron las puertas y la bolsa al sostenedor de la «buena causa».

Al presente, don Leopoldo Lugones, opulento burgués, burócrata feliz, es un político ultraconservador, nacionalista, militarista, que mueve el turíbulo acucioso y mete solícito el incienso por las narices a los soldados, sobre todo si han sido o son presidentes (Roca, Mitre). Se desoja y se desvive por merecer la sonrisa de algún plutócrata o de cualquier damisela de la «nobleza» agropecuaria de Buenos Aires. Esto, en el fondo, significa que el fiero Lugones es de modestia original.

---

eso ha ocurrido. La originalidad de Herrera y Reissig data de la fecha en que empezó a escribir: más o menos, hacia 1893. En cambio, la originalidad de Lugones cambia con cada libro suyo, y obedece a diferentes autores que le han ido gustando.

Yo estoy dispuesto a creer, cuando se me pruebe, que Lugones no ha imitado a Herrera y Reissig, como creeré, también cuando se me pruebe, que no ha imitado a Victor Hugo, ni a Laforgue, ni a Pascoli. Entretanto, me atengo a la lógica, a la psicología y a la carta que me escribió la viuda de Herrera —viva aún, por fortuna, y en buena salud, en Montevideo. La señora me decía: «Por fin alguien ha dicho la verdad sobre Julio». Se refería al Prólogo de *Los peregrinos de piedra*, y a la procedencia de la obra de Reissig sobre la de Lugones.

Aplaude las dictaduras, las tiranías. Cree y dice: «es llegada la hora de la espada». Es decir, la hora de que a los revolucionarios se les pase a filo de cuchillo.

Político cegarrita, disculpa el imperialismo de los Estados Unidos en la América del Sur, incapaz de comprender que en la medida que crezcan en el continente los Estados Unidos, en esa misma medida decrecerán y se desprestigiarán todas y cada una de las demás repúblicas.

Nacionalista estrecho e incomprensivo, desprecia a todos los países de la América del Sur, les niega derecho a la vida. El absurdo teórico no sabe aprovechar las más recientes y resonantes lecciones: la lección de la prudente Inglaterra y la lección de la insolente Germania. Inglaterra renunció, por obra de su gran instinto político, y para salvarse, a su espléndido aislamiento; Alemania, por soberbia y por falta de intuición y de psicología, despreció a todo el mundo y, a la hora del peligro, tuvo a todo el mundo en contra, no consiguiendo, a pesar de su heroísmo y sus recursos, sino la derrota, la ruina, la sumisión y el desprestigio.

Para Lugones parece que solo dos pueblos existen en América y deben repartirse el continente: los Estados Unidos y la República Argentina.[58]

---

58   En rigor de verdad, esta creencia no es exclusiva de Lugones; la encontraríamos en otros autores argentinos: es cuestión de ambiente. Con motivo del viaje de Hoover a Sudamérica, un distinguido y modesto economista —español de nacimiento—, muy preocupado de las teorías de Henry George, D. C. Villalobos Domínguez, escribe: «Las divergencias (de los EE.UU.) con México y Nicaragua se referían a exigencias de cumplimiento (incumplimiento, quiere decir) de contratos y garantías de solvencia, en que la razón formal estaba de parte de los Estados Unidos, a más de la fuerza para hacerlas satisfacer, como así lo han conseguido». (Nosotros, Buenos Aires, nov. 1928.) Descartemos la falsedad, no relativa, sino absoluta, de que el imperialismo de los Estados Unidos tenga razón en incumplimiento de contratos: bastaría que los yanquis arrugasen el entrecejo para que en América se les pagase, caso de que se les debiera o para que se les cumpliera lo prometido, caso de que no se les hubiera cumplido. Nadie se iba a exponer a desembarcos de tropas, partija y desmembración del territorio nacional, ocupaciones militares, compulsivas adquisiciones de empréstitos en Nueva York, firma de tratados leoninos y esclavizantes e imposición de gobiernos sumisos a Washington. Eso ha ocurrido, en una u otra forma con uno u otro pretexto —y a veces sin pretexto— en Cuba, México, Haití, Santo Domingo, Colombia, Honduras, Nicaragua, Panamá, y ocurriría mañana en la Argentina, si los Estados Unidos quisiesen.

Consecuente con sus errores, menosprecia a España, que no creó solo a la Argentina, sino a toda la América de su lengua y aborrece la personalidad y las ideas de Bolívar, que quiso unificar el continente para salvarlo de Europa, por un lado, y de los Estados Unidos, por otro.

Las juventudes argentinas, esperanza de nuestra América, no comparten, naturalmente, tan estrafalarias y suicidas ideas. Ya hemos visto cómo lo llaman con sorna «el poeta de *La Nación*».

En cuanto a los intelectuales... La Argentina de espíritu nuevo, la gente comprensiva y de larga vista, aunque no sea joven, ¿cómo va a seguir a este verborreico ampuloso y regresivo, cuyo cerebro necesita de vigorosos fosfatos? Ni Palacios, ni Capdevila, ni Rojas, ni Ghiraldo, ni Ugarte, ni Molinari, ni ningún radical, ni ningún socialista, ni nadie de sentido común, comparte sus ideas, que tal vez hagan prosélitos en algún tendero de ultramarinos, en algún hijo de general y en algún suscriptor de *La Nación*. Roberto F. Giusti le ha probado sus plagios. J. L. Borges —buen mastín— le ha enseñado los dientes. «La campana de palo», lo campanea; *Martín Fierro*, lo satiriza; el grupo de *Nosotros* es demasiado fuerte de espíritu para que lo seduzca la retórica vacua y palabrera de un orador de feria que vende objetos falsos y relumbrones.

La Argentina mira hoy una parte de su territorio —el archipiélago de las Malvinas— detentado por Inglaterra, contra toda justicia. En vano eleva su protesta constante la Argentina: es víctima del más fuerte, aunque la asiste el derecho. ¿Tendríamos razón de culpar a la Argentina por la conducta de Inglaterra? Recuérdese a Alemania, en cuyos planes de imperialismo entraba el proyecto de apoderarse del territorio nacional, patrimonial, de Argentina. Ya hubiera buscado pretexto, de haber triunfado en la Gran Guerra. ¿Obraríamos en justicia, llegado el caso del despojo, si acusásemos de mala fe o incumplimiento de contrato a la Argentina? El caso es idéntico. También el imperialismo yanqui desenvuelve proyectos viejos, conocidos. A España misma, ¿no se le arrebataron las Filipinas? Inglaterra, ¿no ocupa a Gibraltar? ¿Tiene la culpa España? Pero descartemos la falsedad del señor Villalobos en punto a relaciones de América con los Estados Unidos; veamos el fondo de su pensamiento, que es el mismo de Lugones.

«Las dificultades con nuestro país han sido de orden muy diferente... Las cuestiones con nosotros son asuntos de negocio entre firmas solventes.» Es decir, que para este pobre señor todas las repúblicas de América, son una cáfila de pueblos bandoleros, que quieren robar a los Estados Unidos. No hay sino dos pueblos honrados: Argentina y Estados Unidos.

Ha polemizado Lugones con dos honradas plumas, no argentinas, más fuertes en prosa que la suya: el español Luis Araquistain y el mexicano José Vasconcelos. Ha recibido pinchazos de otra pluma, que tampoco es de alfeñique.

¡Lástima que este buen poeta sea tan mal político! ¡Lástima que tanto esplendor verbal oculte tal penuria de ideas!

VII. El caballero Lugones

Ya conocemos al poeta y al político. Nos sería grato admirar personalmente al caballero Lugones.

A ver, ¿quién nos lo presenta?

Será Alberto Hidalgo, el poeta peruano que vive en Buenos Aires.

Al referir en la prensa (de Lima) una interviú con Lugones, dice don Alberto Hidalgo, el 10 de noviembre de 1919: «Leopoldo Lugones es más bien bajo que alto... En el meñique de la mano izquierda luce una sortija. Las manos de Lugones son peludas. Hasta las falanges de sus dedos están pobladas de vellos. La nariz, antes ancha que aguileña. Los bigotes, unos bigotes mongólicos. Y bajo los anteojos ovalados, unos ojitos pequeñísimos. Los cabellos perfectamente peinados hacia un lado.»

¿Cómo viste Lugones? El señor Hidalgo va a decírnoslo, según lo vio aquel día, a principios de noviembre de 1919:

«Viste con el aliñamiento del provinciano que quiere ser elegante... Se advierte que no le preocupa el que se sepa dónde compra los zapatos, porque en las orejas está la réclame del fabricante»... Y el precio: «14 pesos el par». «Son de color naranja, la capellada medio verdosa... y las medias blancas.»

¿Qué conversan estos dos excelentes y amenos poetas?

«Luego comenzamos a charlar; mejor dicho, yo empiezo a escucharle, porque él habla hasta por los codos. Tiene una verborrea formidable: de la política pasa a la arquitectura, de la arquitectura a la crisis económica, de la crisis económica a la poesía...» Verbosidad mulata. «Califica a los españoles de bestias y les llama, despectivamente, gallegos. Hablando de gente de letras, dice que Blanco-Fombona es un hombre que no sabe lo que dice o dice lo que no quiere; que los jóvenes literatos de la Argentina son una manga de animales.

«—¿Todos?

«—Todos.

«—¿Y Arrieta? ¿Y Banch? ¿Y Capdevila? ¿Y Jordán? ¿Y Gálvez?

«—...Hablemos de otra cosa.»

Hidalgo, como peruano, le interrogó sobre las celebridades del Perú:

«—¿Y de Chocano, qué dice, señor Lugones?

«—No he vuelto a leer nada suyo.

«—¿Ha leído siquiera a González Prada?

«—No...

«—¿Y a Ricardo Palma?

«Se llevó la mano derecha a la cabeza, como para extraer un recuerdo, miró hacia arriba y después suspiró:

«—No recuerdo dónde he visto ese nombre...».[59]

Ensayo «Leopoldo Lugones», en *El modernismo y los poetas modernistas*, págs. 295-337.

---

59   Esta conferencia, publicada en Lima el 6-XI-1919, la recogió luego el autor en uno de sus libros.

González Prada

Aparición y papel histórico de González Prada. El hombre

En aquel Perú dividido en castas, en aquella Lima sensual, muelle, zumbona, jamás se conoció tan gallardo animal de presa como González Prada. Hasta entonces nunca se dio tal producto en tal zona. Cuando aquel tigre real apareció con las garras empurpuradas y llevando en la boca piltrafas de carne humana, el asombro fue unánime.[60]

Y de nada podía ni debía asombrarse aquella sociedad que acababa de pasar por una lenta pesadilla de cinco años, que acababa de ver sus ejércitos disueltos, su capital sometida, su territorio mutilado, su orgullo herido.

Porque toda aquella división de castas, todo aquel egoísmo de unos cuantos amos, toda aquella sumisión de la indiada irredenta, toda aquella imprevisión de los dirigentes, todas aquellas guerras civiles, toda aquella ignorancia del pueblo, todo aquel despilfarro de los señores, toda aquella literatura de imitación, todo aquel religiosismo fanático, la historia entera de medio siglo de desorden organizado iba a culminar en una desastrosa guerra nacional.

El Perú no fue cobarde. Bolognesi y Grau son nombres de epopeya; y ¡cuánto anónimo Grau, cuánto ignoto Bolognesi no produjo aquel pueblo! No; no era cobarde el país que Chile venció. Mal aconsejados andarían los chilenos que tal asegurasen. Sobre incierto, es hábil recordar que

El vencedor ha honra del precio del vencido

según balbuceó en sus versos fundamentales el arcipreste de Hita.

Era, sí, el Perú un país en desorganización, como el México de Maximiliano, como la Argentina de Rosas y *Facundo* Quiroga, como la Venezuela de la guerra federal. Era, además, pueblo sin exigente moral política, sin excesiva abnegación patriótica; un país con exceso de sangre quichua y

---

60   Las obras en prosa de González Prada, estampadas hasta la fecha, son: *Páginas libres* (París, 1891); *Horas de lucha* (Lima, 1908); La Biblioteca Nacional (Lima, 1912). En verso dio a la imprenta: Minúsculas (Lima, 1901); Exóticas (Lima, 1911); y otro volumen, Presbiterianas, única de las obras publicadas por Prada que no conozco. Ignoro dónde y cuándo salió a la luz.

dividido en castas; un país fanático, ignorante, con clases dirigentes retró-gradas, sensualistas y faltas de voluntad. Lima lo mató. En cuanto a Lima, la perdieron sus tradiciones del virreinato, su contrasentido geográfico, la influencia de su clima y su gente.

Con Chile triunfaron, no solo ejércitos bizarros, sino la homogeneidad de aspiraciones, la política de larga vista, la disciplina y una voluntad férrea y previsora, que fue derecho a su objeto. Mientras Chile, homogéneo, audaz, aguerrido, pobre —vecino peligroso—, embistió con todas sus fuerzas como un toro, el Perú se dividió en partidos y la derrota echó la rúbrica a la anar-quía.

Chile, frío, calculista, sin un instante de flaqueza ni de piedad, sordo a cuanto no fuera su interés presente y futuro, ya previsto de largo tiempo atrás por sus hombres de gobierno, arrancado por sus bayonetas durante la guerra, impuesto por sus diplomáticos el día de las negociaciones, mutiló al Perú cercenándole provincias ricas en salitre y guano, provincias que, aparte de la importancia geográfica, política y sentimental, representaban para el Perú un enorme valor económico.

La pesadilla del Perú concluyó en 1884 con el alejamiento de las tropas chilenas. Partían, pero llevándose jirones de la patria histórica.

El país quedó sumido en estupor. Su economía trastornada, su política revuelta, su territorio mútilo. Por la herida abierta escurríanse los restos de la energía nacional. Nunca pueblo alguno se comprendió más vencido ni se sintió más impotente.

Pintando el desconcierto de la época, González Prada exclama: «Chile nos deja el amilanamiento, la pequeñez de espíritu, la conformidad con la derrota y el tedio de vivir modesta y honradamente. Se nota en los ánimos la apatía que subleva, pereza que produce rabia, envilecimiento que mueve a náuseas».

Entonces, en medio de aquel envilecimiento, de aquella apatía, de aquella conformidad, de aquel amilanamiento, de aquella súbita pobreza, de aquella inesperada herida, de aquellas amargas lágrimas, de aquel cruento dolor, surgió Manuel González Prada. Apareció en 1886 en la tribuna del Ateneo de Lima.

¡Qué clarinada! Nunca voz limeña sonó con tanta virilidad y tanto brío.

Acomete contra todo cuanto contribuyó a formar el espíritu, las costumbres de aquella sociedad; contra todo lo que imaginó —con sutil psicología o por vaga adivinación— pudiera haber contribuido al vencimiento del Perú. Ataca por igual la educación religiosa, los vicios políticos, la influencia española, la mentira social, la literatura rancia, el antimilitarismo, la abyección.

¡Y en qué prosa! Una prosa de electricidad que brota relámpagos.

Cierra contra todo lo que implique retroceso en arte, en ciencia, en política, en literatura. Es decir, arrima el hombro a la empresa de desconservantizar el Perú, de romper con fatales tradiciones que embelesan a un Palma, de sembrar aurora.

Su papel queda claro desde entonces. Su vigorosa función social no es de crítica, sino de reactivo. Será no solo cauterio de la gangrena, sino inyectador de energías. En las venas exhaustas de la generación vencida introduce dinamita. En los corazones temblorosos inyecta el odio a Chile, la confianza en el propio esfuerzo y la fe en el porvenir. Será en el Perú durante largo tiempo el primer factor del renacimiento patrio. En la evolución de sus ideas filosóficas, éstas se resentirán, durante vasto período, de ese papel histórico que en la política y las letras del Perú representa Manuel González Prada.

¿Quién era Prada para la época de su aparición en el Ateneo de Lima?

Para la época de su aparición en el Ateneo de Lima contaba más de treinta años. Se conocían de él versos románticos, heinianos, de juventud, mediocres. Los autores célebres en el Perú eran otros: Benjamín Cisneros, cantor de glorias europeas; Palma, también extranjerizado; Juan de Arona, romántico desaforado a veces, aunque erudito en letras clásicas, otras veces humorista, siempre metrificador adocenado, y la incontable cáfila de imitadores subalternos, ya de Bécquer, ya de Selgas, ya de Lamartine, Victor Hugo, Beranger. «Congestión de palabras, anemia de ideas», dirá luego Prada, refiriéndose a la inopia mental de ese período.

La guerra descubre agotamiento y silencio; los corazones del Perú no podían entusiasmarse con triunfos chilenos, y las lágrimas viriles no saben llorarlas humoristas como Arona, ni cantores de glorias y tradiciones extranjeras como un Palma, un Cisneros y otros plumíferos inferiores a éstos.

En semejante momento intelectual y político resonó el verbo másculo de Prada.

Aquel hombre de treinta y tantos años era un tipo alto, elegante, los ojos azules, las maneras de gran distinción.

Pertenecía a una vieja familia peruana de abolengo en el virreinato. Se educó en el Seminario. Viajó por Europa. Llevó en París no vida disipada, sino de estudio y desarrollo psíquico.

Cuando aparece en el Ateneo de Lima, en 1886, el antiguo educando del Seminario se revela un librepensador; el joven mundano, un demócrata; el vástago de familia conservadora, un revolucionario; el viajero, un patriota; el mal poeta, un gran prosador.

Su vida pública empieza entonces. Entonces emprende el Hércules la destrucción de las Estinfálidas.

Pero ¿qué dice aquel hombre? Oídlo.

De la sociedad peruana: «Dondequiera que apliquemos el dedo brota pus».

De los gobiernos: «La historia de muchos gobiernos del Perú cabe en tres palabras: imbecilidad en acción».

De la literatura: «El Perú no cuenta hoy con un literato que por el caudal y atrevimiento de sus ideas se remonte a la altura... ni que por el estilo se liberte de la imitación...».

Del periodismo:

Nada se prostituyó más en el Perú que la palabra: ella debía unir y dividió; debía civilizar y embruteció: debía censurar y aduló. En nuestro desquiciamiento general, la pluma tiene la misma culpa que la espada. El diario carece de prestigio, no representa la fuerza inteligente de la razón, sino la embestida ciega de las malas pasiones. Desde el editorial ampuloso y kilométrico hasta la crónica insustancial y chocarrera se oye la diatriba sórdida, la envidia solapada y algo como crujido de carne viva despedazada por dientes de hiena... El publicista rodeó con atmósfera de simpatías a detentadores de la hacienda nacional, y el poeta prodigó versos a caudillos salpicados con sangre de las guerras civiles. Las sediciones de pretorianos, las dictaduras de Bajo Imperio, las persecuciones y destierros, los asesinatos en las cuadras de los cuarteles, los saqueos al Tesoro público, todo fue posible, porque tiranos y ladrones contaron con el silencio o el aplauso de una prensa cobarde, venal o cortesana.

De los partidos políticos:

Los mal nombrados partidos políticos del Perú son fragmentados orgánicos que se agitan y claman por un cerebro; pedazos de serpiente que palpitan, saltan y quieren unirse con una cabeza que no existe. Hay cráneos, pero no cerebros. Ninguno de nuestros hombres públicos asoma con la actitud vertical que se necesita para seducir y mandar...

De la instrucción:

Sin especialistas, o, más bien dicho, con aficionados que presumían de omniscientes, vivimos de ensayo en ensayo: ensaeconomía política, ensayos de aficionados en legislación y hasta ensayos de aficionados en táctica y estrategia... Vimos al abogado dirigir la hacienda pública, al médico emprender obras de ingeniería, al teólogo fantasear sobre política interior, al marino decretar en administración de justicia, al comerciante mandar cuerpos de ejército.

De la educación en manos del clero:

Todos esos colegios, fundados so capa de instruir a las mujeres, tienen por oficio la propagación religiosa más o menos fanática... Los clérigos en la sociedad recuerdan a los cuerpos opacos en el firmamento: aunque no se descubren a la vista, manifiestan su presencia por las perturbaciones que causan en los astros vecinos... Todos los sacerdotes extranjeros (en Lima) van al mismo fin y se valen de iguales medios: desde el visitador dominico hasta el delegado apostólico, desde el azucarado padre francés, que representa la metamorfosis masculina de madame de Pompadour, hasta el grotesco fraile catalán, que personifica la evolución mística del torero.

¿Son tales embestidas de Prada como bocanadas de odio? ¿Indican pasiones subalternas o vergonzosas? ¿Es el envidioso, el malogrado, el inepto, quien profiere en voces de censura y se entretiene en aguzar dientes de ratón contra el zócalo de las estatuas, que no puede morder? No. Habla un hombre de fuerza, un hombre de verdad, un hombre de bien. En su odio hay amor. El amor de lo bello, de lo bueno; el anhelo de perfección. Sentimiento el más generoso lo mueve: el altruismo. Que los otros sean paradigmas de altivez, fuentes de hermosura, frutos de bondad. El patriotismo lo inspira, un patriotismo franco, rudo, desinteresado.

El más vil de los hombres es aquel que lisonjea a un personaje, a una corporación, a un pueblo, con fines de lucro. El que ostenta patriotismo para vivir de la patria es como el fariseo que finge fe para vivir del altar. Sentimiento donde apunta el medro como finalidad es negocio de truhanes, así se disfracen los truhanes de abnegación. Este patriotismo habla claro, expone verdades, exhibe lepras, aplica cauterios. Jamás cobra sueldos, jamás acepta cargos públicos, jamás conserva largo tiempo jefaturas de partido. ¿Cuándo la idea de medro empañó la claridad de aquella conciencia? ¿Cuándo puso González Prada por escabel de ambiciones ni su pluma de oro, ni su palabra de mármol, ni el prestigio de su nombre, ni la austeridad de su vida?

Lo mueve solo un furioso afán de redentorismo. Existencia de veras apostólica. La vida de González Prada es uno de los más nobles ejemplos que puede proponerse a la juventud de América.

Y ¿cómo le pagan? Como a todos los redentores: con la cruz.

La sociedad lo repudia, el clero lo excomulga. Se inicia revolviendo la charca: ¡qué mayor enemigo! Poco a poco los radicales, los liberales, lo rodean: y hasta se funda un partido: la «Unión Nacional», que lo reconoce por jefe.

Fue candidato de su partido a la presidencia de la República. Pero González Prada no debía saborear mieles políticas. Olvidando que las reformas se imponen a un país desde el Gobierno con menos desgaste de energías, Prada, todo ímpetu; Prada, el abnegado; Prada, el Bayardo del Perú, el caballero sin miedo y sin tacha, o posee deficiencias en cuanto hombre sociable y transigente, o ignora adrede los caminos de ascender al Capitolio. A ese rectilíneo le sobra orgullo, le falta acomodamiento. Sin vocación para la intriga, incapaz de bajarse a practicar aquellas triquiñuelas y marramuncias que contribuyen al triunfo, fue él mismo el primer factor de su derrota.

Su partido se disgrega. Él se aísla y permanece distante, erguido, mudo, sin más satisfacción que la de ver cómo sus semillas fructifican, aunque no en provecho del sembrador.

Las ideas liberales, en efecto, a Prada más que a ninguno deben su presente difusión en tierra del Perú. Un flamante partido, compuesto con médicos y abogados de las provincias —gente liberta ya de funestas tradiciones peruanas—, ha sido fecundado con el espíritu del maestro, y merced al espíritu del maestro, a su labor preparatoria de agronomía política, puede prosperar y prospera.

Entre tanto, el Perú fue convaleciendo poco a poco.

El dolor fertiliza más que el guano y deflagra más que el nitro. Chile se llevó salitre y estiércol; pero dejó dolor. El Perú, regado con lágrimas y removido por un energético de tal vis como González Prada, empezó a pimpollecer.

Ha renacido de sus cenizas, como la Francia de 1870. Por su laboriosidad presente, por su cordura, por su fuerza, el enemigo de ayer es el primero que hoy lo respeta en la América del Sur.

A medida que el Perú se iba robusteciendo, la obra estimulante de González Prada fue perdiendo de su actualidad. Al fin no le quedó al buen ciudadano sino callarse.

Los pueblos son tornadizos, ingratos. El Perú no quiso ser excepción.

González Prada no se queja. Conténtase con vivir retraído. De cuando en cuando una vira conservadora busca el pecho de bronce. Pero lo que más hiere al púgil de seguro no son buidas y vibrantes saetas, sino la sorda, subterránea y bizca indiferencia; el deliberado silencio que se extiende en su torno. Para un hombre del Ágora, esa es la cruz.

Todas las tardes, hasta hace algún tiempo, se le veía a la misma hora, con fijeza cronométrica, en la Exposición, bello jardín de Lima, acompañado de su esposa, una hebrea, y de su hijo. En 1912 se dignó aceptar el primero, el único cargo de su carrera pública: la dirección de la Biblioteca Nacional.

Pero es tan de presa este azor, que al entrar en la Biblioteca sacó en las garras, por los cabellos, chorreando ridículo, al antiguo bibliotecario, aquel jacarandoso Ricardo Palma. Nadie olvida en Perú el folleto donde González

Prada daba cuenta al Gobierno del estado como encontró la librería nacional. Y menos que nadie lo olvidará el viejo mulato Palma: quedó convertido en calandrajo; quedó electrocutado, muerto.

González Prada vivió siempre con modestia, de su corto patrimonio.

Como Vigil, antiguo profesor de anticlericalismo en el Perú, ha sido Manuel González Prada modelo de amistad, de dignidad y de santidad laica.

En el Perú de antaño, en la nación purulenta que él mismo apostrofó con crueldad hebraica, pudo considerarse a González Prada como González Prada consideró a otro peruano: «columna de mármol a orillas de un río cenagoso».

El hombre de ideas

En el Perú, González Prada ha puesto ideas en circulación. ¿Ideas nuevas? No. ¿Cuántos hombres han introducido no ideas, sino una sola idea en el acervo común? ¿Cuántos? Lo que ha hecho González Prada, como tantos otros, es descubrir verdades con relación a un objeto dado: crear ideas de relación.

Pero ¿puede considerársele como a un filósofo?

Filósofo lo es por cuanto generaliza: ama las ideas generales. Lo es en el sentido etimológico: ama la sabiduría. Lo es por su constante preocupación de buscar fórmulas de mejora humana. Lo es porque persigue ideales de bien y enuncia ideales de mejoramiento social. No lo es en el sentido, un poco anticuado, de creador de sistemas especulativos para conocer la verdad o parcelas de verdad. Se reduce este pensador, mixto de hombre de acción, a meditar por sí propio, lo que vale decir, con independencia, sobre cuestiones espirituales que preocupan a los animales de razón y a divulgar aquellas ideas con las que imagina que el hombre gana. Porque la primera preocupación de González Prada —recuérdese bien— no será de pura abstracción especulativa, sino de contribuir al mejoramiento social.

Es enemigo de las religiones.

«Toda religión —dice— resuelve a priori los problemas físicos y morales, forma una cosmogonía fantástica, algo así como la teoría de los colores por un ciego.» «Los antropoides, al acercarse al hombre, se despojan de la cola: las inteligencias, al perfeccionarse, pierden la religiosidad.»

No cree en vida futura ni en inmortalidad del alma. Es ateo.

«Hasta hoy, ¿a qué se reducen Dios y el alma? ¿A dos entidades hipotéticas, imaginadas para explicar el origen de las cosas y las funciones del cerebro?» La vida y la muerte las encara sin palidecer.

«¿Para qué este hambre de vivir? Si la vida fuera un bien, bastaría la seguridad de perderla para convertirla en un mal.» «¿A qué venimos a la tierra?... Todo lo creeríamos un sueño, si el dolor no probara la realidad de las cosas.» «Quien dijo existencia dijo dolor; y la obra más digna de un Dios consistiría en reducir el universo a la nada.»

«¿Existe algo más allá del sepulcro?... ¿Qué esperanza debemos alimentar al hundirnos en ese abismo que hacía temblar a Turenne y horripilarse a Pascal?» Conoced la respuesta: «Ninguna, para no resultar engañados, o gozar con la sorpresa, si hay algo».

Otros pudieran, en efecto, vivir contentos viviendo en la ilusión, en el engaño. Espíritu tan noble como el de González Prada no recurre a inyecciones de morfina, sino prefiere poseer conciencia clara de todo, hasta el dolor, hasta de la inanidad del existir.

¡Con cuánta hermosura comenta el pensador limeño la hipótesis de una vida ultraterrena!

«Aplicando a la naturaleza el sistema de compensaciones, extendiendo a todo lo creado nuestra concepción puramente humana de la justicia, imaginamos que si la naturaleza nos prodiga hoy males, nos reserva para mañana bienes; abrimos con ella una cuenta corriente, pensamos tener un debe y un haber. Toda doctrina de penas y recompensas se funda en la aplicación de la teneduría de libros a la moral.»

De la naturaleza expone:

«La naturaleza no aparece justa ni injusta, sino creadora. La naturaleza, indiferente para los hombres en la tierra, ¿se volverá justa o clemente porque bajemos al sepulcro y revistamos otra forma?»

De la moral católica piensa:

«Quien practica el bien por la remuneración póstuma no se distingue mucho del prestamista usurario que da hoy uno para recibir mañana diez.»

Un optimismo sano, fuerte, sirve, a pesar de todo, como aureola a esta filosofía viril y nervuda.

Poco o nada vale el hombre, pero ¿sabemos el destino de la humanidad? De que hasta hoy no hayamos resuelto el problema de la vida, ¿se deduce que no lo resolveremos un día? Viendo de qué lugar salimos y adónde nos encontramos, comparando lo que fuimos y lo que somos, puede colegirse adónde llegaremos y lo que seremos mañana. Habitábamos en la caverna y ya vivimos en el palacio, rastreábamos en las tinieblas de la bestialidad y ya sentimos la sacudida misteriosa de alas interiores que nos levantan a regiones de serenidad y luz. El animal batallador y carnicero produce hoy abnegados tipos que defienden al débil, se hacen paladines de la justicia y se inoculan enfermedades para encontrar el medio de combatirlas; el salvaje, feliz con dormir, comer y procrear, escribe la *Ilíada*, erige el Partenón y mide el curso de los astros.

Antes de observar a González Prada en lucha para imponer sus ideas, tarea ajena al filósofo y propia del campeón, que es una de las facetas más claras de su personalidad, veamos de dónde procede el pensador, cuál es la filiación de su espíritu.

Adviértese con las solas *Páginas libres*, su mejor libro, que González Prada, hombre de mucha lectura, conoce —sin contar a los sabios antiguos ni a los pensadores franceses e ingleses anteriores a la Revolución de 1789— las figuras máximas de la filosofía alemana, desde Hegel hasta Schopenhauer. Los comentaristas y expositores del pensamiento francés contemporáneo también salen a colación muy a menudo, principalmente Renan, de cuyo temperamento es antípoda, pero a quien admira y sobre el que inserta una monografía en *Páginas libres*.

A la formación del espíritu de González Prada han ocurrido distintas corrientes del pensamiento filosófico en el siglo XIX.

Este ateo es un idealista. Aunque con firme base positivista, como hijo de su tiempo, de un tiempo que fundó sobre el conocimiento experimental toda concepción científica o filosófica, Manuel González Prada, hombre intuitivo, imaginación creadora, espíritu clarividente, pudo ser y es un idealista. Es decir, este hombre supo concebir anticipos de la realidad futura, porque quiso que ese porvenir fuera de mejora humana y porque luchó por ese

169

futuro de perfeccionamiento que anteveía. Manuel González Prada debe ser considerado como un sembrador de ideales, un apóstol del bien, un idealista.

Este idealismo asumirá, primero, el aspecto apostólico del patriota; del reformador de la vida nacional; luego, el aspecto apostólico del anarquista; del reformador de la vida del hombre. Espíritus tan desemejantes como los de Guyau, Nietzsche, Renan y, más tarde, Kropotkine y Jean Grave parece que tienen, por una u otra razón, nexos transitorios con el espíritu de González Prada.

A Renan le oyó mucho en el colegio de Francia.

González Prada puede creer, como Renan, que solo la ciencia llegará a conocer la verdad, que el universo marcha a un fin: la realización del ideal; admira al estilista, celebra al erudito: «Ariel, que lleva en sus alas el polvo de una biblioteca»; pero González Prada, espíritu rectilíneo, de afirmaciones y negaciones claras, hombre de sacrificio, demócrata combatiente, hasta anarquista por rebeldía y generosidad, choca con lo fundamental de Renan: con el espíritu indeciso, apenumbrado; con aquel buscar la parte de verdad que haya en toda mentira y la parte de mentira que haya en toda verdad; con el aristocratismo y el egoísmo del bretón. «Es probable que todos los dolores de la humanidad no le quitaran una hora de sueño», exclama Prada en son de censura.

Nietzsche y Guyau, aunque tan desemejantes entre sí, tienen ambos algún punto de contacto con él y, en todo caso, no parecen extraños, repito, a la formación de aquel espíritu.

Como Nietzsche, preconiza Prada la trasmutación de valores morales, aunque no con idéntico radicalismo. Cuando González Prada escribe: «El cristianismo se redujo a la reacción del fanatismo judío y oriental contra la sana y hermosa civilización helénica», parece que se estuviese leyendo una página del *Anticristo*.

En González Prada resaltan contradicciones que tampoco escasean en el pensador tudesco. Como Nietzsche, González Prada afirma, sin darse la pena de probar lo que afirma, al punto de que pudiera repetir esta frase del teutón: «Yo no soy de aquellos que deben siempre dar la razón de lo que opinan».

Se diría igualmente que, en ocasiones, Prada acepta la teoría del superhombre, conciliando esta creencia con su odio a los déspotas, con su exaltación del demos, y conciliándola por probidad de juicio, por fidelidad a una precisa y continua observación histórica. Bastarían para suponerlo salidas como la siguiente: «Épocas hay en que todo un pueblo se personifica en un solo individuo: Grecia, en Alejandro; Roma, en César; España, en Carlos V; Inglaterra, en Cromwell; Francia, en Napoleón; América, en Bolívar. El Perú de 1879 era Grau».

Además, el pensador de Lima se expresa, como el filósofo de Roecken, en aforismos luminosos, y demuestra, como éste, una sensibilidad extrema y una sinceridad desaforada.

Pero ahí se interrumpen las semejanzas y empiezan las oposiciones.

Al egoísmo feroz de Stirner y de Nietzsche, que lleva al primero a considerar el mundo como su cosa, como su propiedad, y lleva al otro a preconizar la dureza y a indignarse, verbigracia, porque se concede a los obreros el derecho de sufragio, opone González Prada toda una vida dedicada a luchar por los demás: el altruismo. Al aristocratismo de Renan y de Nietzsche corresponde en Prada aquel amor al prójimo, que tiene el nombre de piedad en filosofía y de democracia en política.

Y a cuántos millones de kilómetros no se distancia de Nietzsche cuando exclama:

«¡Hay horas de solidarismo generoso en que no solo amamos a la humanidad entera, sino a brutos, plantas, lagos, nubes y piedras; hasta querríamos poseer brazos inmensos para estrechar todos los seres que habitan los globos del firmamento!»

Prada no considera la filosofía, repito, como pura y exclusiva especulación, sino que la convierte en función práctica. Gracias al concepto científico de las sociedades, las sociedades irán mejorando. Del foco deben todos gozar luz y calor. La vida debe ser cómoda y debe ser bella. Que se difundan bienestar físico y comprensión estética: de ello resulta placer, es decir, felicidad.

Tales ideas, que si no con las propias palabras, ni en discurso continuo como hilo de perlas, se transparentan aquí y allá en su obra, lo vinculan a Guyau.

El parentesco entre ambos espíritus se verá más claro cuando González Prada afirme, por ejemplo: «El arte ocupa la misma jerarquía que la religión»; o bien: «Las hipótesis de la ciencia no atesoran menos inspiración que las afirmaciones de las añejas teogonías». Prada quiere, como Guyau, una moral irreligiosa, que carezca de sanción ultraterrena; y ambos coinciden en desear la expansión del individuo. Solo que Prada llega –por lo menos, en sus últimos años– a partir límites con el más extremo anarquismo, mientras que, en Guyau, esa expansión del individuo hacia los cuatro vientos de la vida no colide, sino que se armoniza con la sociedad.

En resumen: ambos sueñan, cada uno a su modo, con la expansión del individuo, con el perfeccionamiento social.

Los tres vértices de la filosofía de Guyau: la vida, la sociedad, la belleza; su ideal de atracción de sensibilidades, simpatía de inteligencias y compenetración de conciencias, ¿no se vislumbra en Prada, en el Prada de las *Páginas libres*?

Mientras el francés especula en el terreno ideológico, el peruano talla en carne viva, no obedeciendo a teorías, sino a la realidad de carne y hueso. Pero el pensamiento, en definitiva, es quien inspira la palabra y mueve la mano. ¿Cuál es el pensamiento eje de las *Páginas libres*?

En su propaganda por crear un Perú fuerte que puede regenerador social, Prada, aunque atemperándose al papel político de exaltador de energías, aunque trabajando para recoger un fruto práctico, inmediato, preconiza la individualidad intensa dentro del propósito colectivo, la influencia social del arte, el anhelo de una sociedad mejor por la compenetración de conciencias afines y la solidaridad con un ideal común.

¿No se descubre, por tenue que parezca, un hilo espiritual que une al filósofo de Francia con el batallador de Lima?

¿Qué importa que Prada, águila zahareña y libérrima, siga su vuelo solo y encuentre, en su continuo adelantar por el espacio abierto, otras águilas hermanas? Lo que se quería era fijar hasta donde se pudiera la relación de su espíritu con otros espíritus, por lo menos en cuanto autor de las fulgurantes *Páginas libres*.

Pero ahora me ocurre una duda. ¿No será baldía esta pena que me estoy dando para estudiar por cotejo y parentesco el espíritu de González Prada?

¿No se le encontrarán a González Prada igualmente, si se buscan, nexos transitorios con otros pensadores? Tanto lee el hombre moderno y tanto se divulgan sistemas y teorías, que no es difícil encontrarse a sí mismo, aunque sea de paso, en los otros. Por lo demás, resulta en verdad un poco arbitrario buscar la formación de un espíritu en contactos instantáneos con otros espíritus, máxime cuando éstos vienen a ser tan desemejantes entre sí como los de Guyau y Nietzsche, por ejemplo. Prueba ya originalidad en un pensador el suscitar nombres y corrientes de opiniones tan antagónicas entre sí; no podía, en efecto, un temperamento tan independiente como Prada dejar de serlo y vestir librea de lacayo cuando el pensador se entrega a especulaciones filosóficas. Podemos concluir que Prada es siempre Prada y que a la formación de su espíritu concurren, como ya se dijo, diferentes corrientes mentales del siglo XIX.

Como el propósito de este meditador parece, en primer término, si no exclusivamente, de mejora social (en cuanto autor de *Páginas libres*), no convierte al hombre en abstracción: su hombre es de carne y hueso, el peruano de todos los días. Para él perora, redacta, apostoliza. Porque este hombre, de la madera de los apóstoles, predica —ésa es la palabra—, y a veces con crudeza hebraica, lo que deba contribuir a que el Perú cumpla más pronto y con más decoro su misión en el grupo de naciones a que pertenece.

Y esto nos lleva como de la mano a inquirir sus ideas respecto a Gobierno, ya que el hombre, según enseñó Aristóteles, es un animal político; y mal puede contribuirse a la dicha de este animal aislándolo del Estado, es decir, de la sociedad con organización jurídica.

Como González Prada, en el fondo, siempre fue un individualista, aunque luchase por ideales colectivos, aunque escribiese: «Poco o nada vale el hombre», nunca pensó que el individuo deba desaparecer en provecho del Estado, ni que deba solo reducirse a resorte secundario y obediente para que se conserve la armonía superior de la máquina pública. Todo lo contrario: González Prada, en su amor desasosegado por la libertad, en su odio de toda coacción, no parece admitir, en suma, otra acción gubernativa sino la de legislar y la de reprimir hasta cierto punto las transgresiones a la ley. «¿Por qué aguardar todo de arriba? —pregunta—. La evolución salvadora se verificará por movimiento simultáneo del organismo social, no por la simple iniciativa de los mandatarios.»

Con el avanzar del tiempo, su pensamiento evoluciona hacia las teorías extremas de la revolución social.

Esto puede observarse en tal cual página suelta y, si no recuerdo mal, en *Horas de lucha*, un tomo de artículos que no siempre testimonia al prosador de *Páginas libres*, aunque se encuentren allí páginas de gran polemista, a lo Montalvo. No tengo a la mano ese volumen mientras escribo, pero lo recuerdo: capítulos de polémica y ataques a los caudillos. El anticlericalismo y el desdén a los generales criollos es la nota esencial.

En el avance de sus ideas, penetra González Prada con resolución hacia el anarquismo, ataca la propiedad, ataca a la sociedad existente y se apoya en autores como Eliseo Reclus, Jean Grave y Kropotkine.

A medida que envejece, a medida que cesa en la actividad pública, o disminuye su influencia, o se reconcentra en el gabinete, su antigua y constante preocupación por el peruano de todos los días abre cabida a una preocupación por la entidad, por la abstracción hombre. De ahí su anarquismo; de ahí el que le distraigan problemas que no son, hasta el presente, problemas de su país. El anarquismo, en efecto, según aparece en el viejo mundo, nada tiene que hacer, por ahora, en el Perú, donde las necesidades sociales son distintas de las existentes en Europa. Desde este punto de vista, González Prada resta a su patria, por deprisa que sea, energías que pudiera consagrarle.

Pero él puede sincerarse de semejante asomo de censura, exclamando:

—Hombre soy; nada de lo que a los hombres se refiere me parece ajeno ni me deja indiferente.

Capítulos IV y V de la monografía Manuel González Prada, en *Obras selectas*, págs. 1076-1091.

Un libro español sobre letras extranjeras

No lo puedo negar: las injusticias me sublevan... A veces creo que todas, cualesquiera que sean su carácter y su motivo. Pero la justicia medida a cordel, la justicia gélida, también suele sublevarme. Por donde vengo a deducir que hay justicias e injusticias que me gustan y otras que me desagradan. Esto mismo ocurre, de seguro, a todo el mundo; pero nadie lo confiesa. Es decir, todos somos injustos. Cada uno tiene su vara de medir.

El hecho de que M. Jean Cassou, erudito en letras castellanas y vocero de hispanismo en París, dedique solo 33 líneas de miserable noticia bibliográfica (*Les Nouvelles Littéraires*, LX-1925) a una obra española de 400 páginas, en que se trata por manera minuciosa y sapiente de la más joven literatura de Francia, me parece desdeñosa injusticia. Es decir, una injusticia de las que me son antipáticas.

Más valía callar. Monsieur Jean Cassou no supo callarse. Tampoco se puede afirmar que haya hablado. Tartamudeó breve información. Eso es todo. Como el bravucón de Cervantes,

> Caló el chapeo, requirió la espada,
> miró al soslayo, fuese, y no hubo nada.

Hasta la censura es mejor moneda de pago que la indiferencia. Nada. Que los franceses tratan a los literatos españoles con el mismo tono de superioridad desdeñosa con que algunos pedantes e imbéciles de España piensan que pueden tratar la literatura de Hispanoamérica. Bien guardadas todas las proporciones, los franceses, naturalmente, tienen más motivos para su mirada altiva sobre los españoles del día, que los españoles de atufarse el bigote borgoñón —ahora ausente— al mirar hacia la América que tan a menudo suele superarlos.

• • •

¿Merece el libro de don Guillermo de Torre, *Literaturas europeas de vanguardia*, semejante desdén?

No lo creo. No lo creo, aunque a mis aficiones literarias y a mis procedimientos críticos suceda, con respecto a los que demuestra el señor Torre, lo que sucede a dos paralelas: no coinciden jamás.

Y es natural que así ocurra: él es de su tiempo y yo soy del mío.

A principios del verano leí, parte en Madrid, parte en la costa vasca, *Literaturas europeas de vanguardia*. Ahora –que escribo en el Château de Catillón, en el norte de Francia– siento no haber hecho aquella lectura lápiz en mano. Algunas notas no son apoyo malo para una evocación.

Recuerdo que ni complacencia ni interés dejaron de acompañarme mientras se internaba mi curiosidad en el intrincado mundillo del joven don Guillermo. Interés, porque todo esfuerzo humano lo merece; placer, porque se trata de un viaje divertido al través de la inquietud de algunos contemporáneos nuestros.

Estos contemporáneos nuestros son literatos, algunos de ellos jóvenes; otros, que escriben y piensan como si lo fueran. Los menos, un Apollinaire, un Marinetti –los que trajeron las gallinas–, pasan ya por la novedad de ayer. Sin embargo, poseen el doble mérito de la iniciativa y del talento. ¿Los nuevos? Agrupados en escuelas gritonas, no se oye sino el confuso guirigay de la añagaza. Por encima de los grupos se destacan algunas cabezas, pocas. Lo demás es el patio de butacas, en noche de precios populares, visto desde la galería. ¡Qué uniformidad! Solo que la uniformidad aquí es la del vacuo pedante que grita la excelencia de su mercancía. Creeremos en su talento cuando produzcan obras que lo demuestren. Nada por el momento autoriza a augurar, entre los escandalistas de *Dadá*, por ejemplo, a nadie que pueda hombrearse con Paul Verlaine, con Edgar Poe, con Rubén Darío, con Gabriel D'Annunzio. De los demás grupos que estudia –mejor dicho de que da noticias– *Literaturas de vanguardia* pudiera decirse otro tanto.

La inquietud de estos hombres no resulta espiritual casi nunca, aunque lo parezca, sino formulista o simplemente formal. A los literatos calificados con epíteto militar de «vanguardistas» no parecen preocuparles problemas éticos, sino arambeles esteticistas; no el alma, sino el verbo; no el hombre, sino el traje. A lo eterno se suplanta con la moda. La epidermis juega papel de profundidad. Hay de ellos que proclaman lo ceñido de la expresión, lo complicado de las imágenes. Peter Altenberg, el austríaco, iba más lejos:

aspiraba a concretar en una frase todo un mundo de sensaciones; Mallarmé, a veces, lo conseguía. Ellos, no: se contentan con un grito desde sus alturas imaginarias, como el cóndor de los Andes, o, en su oscuridad, con el ademán obsceno del gorila.

¿Carecen de todo mérito las escuelas y los hombres que con talento y paciencia estudia don Guillermo de Torre? ¿Nada nuevo traen al arte?

En justicia tienen el mérito de representar una sensibilidad nueva. Su obra, hasta ahora, no es más que el tanteo de una nueva sensibilidad estética que busca adecuada expresión. Por ellos, como por cada generación que trae mensajes desoídos, queda más rico el mundo, esta vez en su aspecto artístico. ¿Qué fue el cubismo, por ejemplo? La conciencia artística de una recién percibida realidad; de una realidad inexistente antes para el ojo de los pintores.

Cada época logra su fórmula peculiar de expresión. A veces surge un hombre o un grupo de hombres eminentes que la impone, como ocurrió en el romanticismo; otras veces, como ahora, se difunde en medio de exageraciones, tonterías y chanzas de mal gusto; por medio de grupos sensibles al cambio expresivo, sin que sea menester que de entre esos grupos vibrantes brote ninguna encina ni eche a volar ningún águila.

Pero no se trata de las nuevas corrientes literarias, sino del buen libro que un joven castellano les dedica; libro que es un esfuerzo digno de comentario atento, no de chupadas de labio despectivas.

• • •

¿Qué es la obra *Literaturas europeas de vanguardia*? Un libro español de crítica extranjera. ¿De crítica? Más bien de crónica literaria. Información, más bien que análisis. En suma, un noticiario.

La crónica panegírica, aun cuando no sea simple chismografía de vecindad, ¿podríamos confundirla con la crítica? Historiar, narrar, cotejar, en vez de analizar, ha sido casi siempre la actitud crítica de España. El espíritu español, rico de tantos dones, entre ellos el don máximo, el de la creación, flaquea como analítico. Aun los críticos profesionales más eminentes, enterados y dignos del homenaje de los pósteros, a los que enriquecen con legaciones de valer, ¿qué han sido a menudo? Menéndez y Pelayo, por ejemplo, fue lúcido expositor de las ideas estéticas, a veces con atisbos magníficos, más que crítico. Hoy mismo existen figuras de primer orden en la investigación erudita –un Menéndez Pidal, un Américo Castro–; pero ¿abundan críticos? Los Gabriel Alomar, ¿cuántos son? El mismo Alomar, ¿ha dado todo lo que podía?

En España sobran pasión e individualidad: nadie sale de sí mismo. Por eso faltan, proporcionalmente a lo que España es, buenos actores, buenos historiadores, buenos críticos. No se olvida a Azorín, no se olvida a Díez-Canedo, no se olvida a Ortega y Gasset, no se olvida a Cansinos-Asséns, no se olvida a Gómez de Baquero, no se olvida a Pérez de Ayala... ¿Existen críticos en el mismo grado que poetas, pintores, comediógrafos, novelistas? Alguno de los mencionados, Pérez de Ayala, póngase por autor, aunque de espíritu zahorí y escrutador de ideas, parece superior como novelador que en cuanto crítico. Díez-Canedo poeta no cede ante Díez-Canedo censor. Ortega y Gasset se complace en el pulimento de su mórbida prosa tanto como en jugar con las ideas. Su pluma, como la paloma del Arca, trae en el pico la rama verde, la novedad. Aristrocaticista como Nietzsche, artista y pensador como Renan, más que crítico, es un viajero ameno por el país de la meditación; y tan afortunado, que hasta sus habituales impugnadores, fantasmas evanescentes, hacen aparecer más sólido su zócalo de mármol. Cansinos-Asséns, docto comentador de libros, es, más que todo, poeta de espíritu y pulso generoso.

Quedan solo Azorín y Gómez de Baquero. Gómez de Baquero se entusiasma con dificultad, y a su perspicuidad ponen sordina la cortesía y la benevolencia. ¿Qué piensa Azorín de sus contemporáneos? Nadie lo sabe. Este crítico no critica. Su oficio es hacer milagros, resucitar a los muertos. Olvida el pulquérrimo Azorín que Jesús, levantando de la huesa a Lázaro, resulta menos útil para la humanidad –ya lo insinuó Barret– que un médico cualquiera que nos impida morirnos. El remedio vale más que el milagro.

El autor de *Literaturas europeas de vanguardia* sigue las huellas de sus mayores: historía más que analiza. No descenderé a detalles. No entraré, hacha en mano, en el tupido bosque. Desgajaría hasta el título... No se trata allí solo de literaturas europeas; a menos de considerar a los americanos del Norte y del Sur como europeos, lo que, literariamente, no sería tan absurdo.

Prefiero permanecer planeando de generalidad en generalidad. En rigor, aunque trate hasta de checoeslovacos, *Literaturas de vanguardia* es un libro español de crítica francesa; y, con más propiedad, parisiense. Todos esos checoeslovacos, rumanos, polacos, americanos del Sur y del Norte, han sido vistos al través del objetivo de París. Esta obra pertenece a la literatura satélite. Toda esa literatura de reflejo podría llevar un título englobador: *Ravages de Paris.*

En libros de esta índole sobre literaturas exóticas nunca fue muy pródiga España. Algunos se publicaron en América cuando la época del modernismo y merecieron indiferencia o censura, a veces acre censura, en la Península. Los censores españoles tuvieron entonces casi siempre, y desde cierto punto de vista, razón. Es decir, tuvieron razón para censurar, pero sus razones —en general las del misoneísmo— no eran las buenas. Las buenas serían otras, éstas: antes de conocer a los extraños conviene que sepamos cómo somos nosotros mismos.

• • •

He dicho que mientras leía el libro de Guillermo de Torre me acompañaron el interés y la complacencia: tanto me pareció ameno, valiente, erudito.

Tampoco dejaron de acompañarme durante aquella lectura de verano el buen humor y la sorpresa.

¿Cómo no sorprendernos de un crítico para quien la humanidad comienza con sus contemporáneos y la literatura con sus amigos? Una imperceptible sonrisa corrige la sorpresa, y todos encantados.

Buen libro vibrante, su principal defecto se convierte en seducción, como el lunar o el hoyuelo en cara de mujer bonita. Ese defecto principal consiste —¡qué fortuna!— en ser obra de joven. O mejor, no existe acaso imperfección alguna: sentimos desconcierto leyéndole. El desconcierto proviene de que un poeta juvenil haya empleado su talento y su tiempo en producir obra de paciencia, de madurez.

En cada individuo ocurre, en pequeño, lo que ocurre a la humanidad: primero aparece la edad espontánea, mítica, imaginativa, creadora. Luego sobreviene la época de análisis. El hombre, como la humanidad, poetiza en la mocedad; en la madurez razona. Puede despuntar más o menos temprano en el hombre la facultad investigadora; existen inteligencias de excepción, como la de Pascal, que frutecen y florecen casi a un tiempo. Lo común es la regla, aun para espíritus específicamente analizadores. Y ciertas reglas no se violan impunemente.

La pasión baña en sus fértiles linfas todo el libro de Guillermo de Torre. Nada de imparcialidad. Injusticia pura casi siempre, e injusticia de la buena, de la primaveral, de la espontánea, de la que surge del entusiasmo y no de la impotencia o de la envidia.

El autor palmotea a cuanto encuentra de nuevo, o brillante o simplemente ruidoso: cubismo, futurismo, unanimismo, dadaísmo, creacionismo, ultraísmo, surrealismo... El apretado estudio informativo que dedica a algunas escuelas o tendencias —de las que acaso no quedará ni el título— y a algunos autores —que no merecen mención sino en alguna historia cómica de la imbecilidad humana—, ¿qué es, en definitiva, sino obra de entusiasmo juvenil: himnos de neófito, aplausos de discípulo, panegíricos de convencido, reverencias de epígono?

Lo que no sea esas *Literaturas de vanguardia* no ha existido, no existe. ¿La antigüedad grecolatina? Cero. ¿Las grandes literaturas europeas contemporáneas? Cero. ¿Las grandes cumbres del pensamiento humano? Cero. Todo empieza con el cubismo. A mucho conceder, todo empieza con Whitman.

Se trata del Whitman descubierto por los parisienses a fines del siglo pasado o a principios del actual en una edición del *Mercure de France*. El mismo don Guillermo se imagina adelantado, o poco menos, en lengua castellana, de aquel Nuevo Mundo de poesía. Olvida el adelantado, y, lo que es peor, lo olvida adrede, que los dominios de la lengua de Castilla son vastos... En la época del modernismo se habló mucho de Whitman en nuestra América. «Todo es tuyo, demócrata Walt Whitman», dijo Rubén. Y no solo se habló... Un poeta uruguayo, el señor Vasseur, recogió en su herbolario de Montevideo todas las *Hojas de yerba* del formidable novomundano.

No se esperaron en América las revelaciones del joven don Guillermo para conocer y admirar a ese liróforo de diamante y acero, auténtico ser humano —es decir, de la humanidad, para quien nada de la humanidad fue indiferente—, apóstol de inflamado verbo, ante quien el mismo Victor Hugo parece un poeta de provincia.

No; nada de Colones después del 12 de octubre de 1492.

• • •

Literaturas de vanguardia estudia escuelas más que personalidades, y se complace en detalles de cronicón más que en lo substantivo de las teorías estéticas. ¿Quién cree en escuelas? Las escuelas son meros trampolines: lo que salta en el aire es la personalidad. Hay escritores y aun familias intelectuales o sensitivas de escritores y artistas. Pero no hay escuelas. Las academias tampoco existen, y los congresos son cosa de que nadie ha oído hablar. ¿Congresos, academias, escuelas? Tres o cuatro señores que hacen o piensan lo que les da la gana, en medio de varias docenas de sujetos que, en el fondo, ni piensan ni hacen nada, aunque aparentemente escriban, intriguen, peroren, suden en perpetuo ajetreo.

Los talentos, si son de dieciocho quilates, están por encima y por fuera de las escuelas literarias y aun de los partidos políticos. Nada que los cohíba les agrada. Tienen sobra de savia. En ellos y de ellos viven parásitos: ellos no han menester sino del Sol, del aire, de un pedazo de tierra. En suma, de que se les permita, en libertad, la expresión de sí mismo. En cambio, los arbustos cobran valer en grupo; solo así son algo imponente: el bosque.

¿Escuelas, academias? Rebaños... El prestigio de la comunidad prestigia a los mediocres. La bandera cubre la mercancía.

Los naturalistas estudian a los animales por especies. Pero hay quien cree que la historia de la humanidad es la historia de unas cuantas docenas de hombres.

• • •

En suma, la obra de Guillermo de Torre es un libro joven sobre cosas viejas. ¿Viejas? Sí; viejas aunque de ayer y de hoy. El autor piensa lo contrario: se ha propuesto meternos por los ojos la última novedad estética y decirnos: he aquí lo definitivo. Pero nada es definitivo. Lo nuevo puede ser en ocasiones —y ésta es una de ellas— tan antiguo como el mundo. La esencia de novedad en las tendencias literarias que estudia el libro es el afán de renovación. Y el afán de renovación cuenta la edad del hombre: nació con él.

Cada artista digno de este nombre tiene algo que decirnos, y la reunión de estas voces, en apariencia discordes, representa el mensaje que cada época lanza al futuro, en el diálogo eterno de los muertos con los vivos.

Nada es bueno ni es malo porque sea joven o porque sea viejo, aunque a menudo lo nuevo, por la mera circunstancia de serlo, signifique ya una excelencia. Vivan las piernas ágiles y los pulmones anhelantes que trepan montaña arriba en busca de oxígeno.

Todo, menos negar o combatir el esfuerzo humano por renovarse. «Las ondas del espíritu —escribió Liszt— no son como las del mar; nadie les ha dicho: de aquí no pasaréis.»

El mismo Liszt, en una de sus claras sinfonías, comentario musical a la obra de Goethe, interpretaba a Fausto, a Margarita, a Mefistófeles... «Yo soy el que niega», dice Mefisto.

Odioso e inútil papel. Más vale ser, como Margarita, la persona que ama, o, como Fausto, la que investiga.

Motivos y letras dc España, págs. 189-201.

Oscar Wilde

De Profundis

La primera edición del *De Profundis* se hizo en febrero de 1905, y para el mes de marzo ya habían salido a luz cuatro ediciones. La Methuen's Colonial Library, editora, previene en la carátula, como en todas sus obras, que el libro es solo para circular en la India y las colonias.

Acaso Robert Ross —prologuista y poseedor del manuscrito— no halló en toda Inglaterra otro editor para el gran poeta inglés sino una librería colonial. Inglaterra, pues, restringe la circulación de las obras de uno de los espíritus de arte que más la honran, confundiendo en la misma torpe y censurable excomunión al hombre, que pudo tener muchos defectos, con el artista, que no tuvo sino virtudes, y juzgando, además, tal vez con pleno conocimiento de causa, más amplio y hospitalario el espíritu de los canadienses, australianos, indostánicos, negros de Jamaica y otros colonos y dependientes de Inglaterra, que al de Inglaterra misma.

Pero ¿no será que John Bull, con su habitual comedimiento hipócrita, finge no querer oír hablar de Oscar Wilde, aunque devore en secreto las obras del pecaminoso artista? ¡Odiosa gazmoñería británica!

¡Cuánta sinceridad artística troncha en botón la pudibundez farisaica de los ingleses! Hasta los más osados y gloriosos pensadores se valen allí de subterfugios de casuista en la lucha de las propias ideas con la mojigatería bíblica imperante. El propio Darwin no aventura confesar su ateísmo. ¿Qué más sino el sacrificio de las convicciones científicas exigía la Iglesia a Galileo y Giordano Bruno? Políticos o filósofos sinceros, desenfadados, desde Maquiavelo hasta Stirner, de haber nacido en Inglaterra, ¿serían lo que son? No cabe duda que Aretino, Rabelais y el autor de *La Celestina* hubieran tenido que abandonar esa patria, como Byron; y no es presumible que en suelo de Inglaterra floreciera tanto impúdico y sublime poeta como en Grecia.

De Profundis es obra de sinceridad y de martirio: el alma del poeta al desnudo, el yo pecador de un artista contrito, no debe haber ofendido a Dios, sino a la naturaleza y, ¡quién iba a creerlo!, a la sociedad. Coloquio de un alma de belleza consigo misma en las tinieblas y la soledad de la prisión.

El poeta se acusa de su vida gozosa. Él resolvió ignorar dolor y tristeza, y ver el sufrimiento como una imperfección. Ahora, que ha pasado por las lágrimas, sabe que el pesar es emoción suprema y fuente de arte, y lo más serio de la vida.

En este bosquecillo se escucha el eco de los suspiros y corre una encantadora fuente de lágrimas. ¡Cuán lejos este ingenuo sollozo de las paradojas de antaño! El dolor nos ha revelado otra faz, no menos interesante, de esa alma artista.

¡Y cuán dulce y cuán poco británico el Cristo que sale de aquella cárcel; Cristo trascendente a nardo, el nardo magdaleno! Desde Renan, acaso ninguna abeja había revolado con más grato susurro en torno de las hibleas doctrinas del Nazareno. ¡Y cómo exhala aroma de ternura el cristianismo que el poeta desmortaja y resucita!

De cuando en cuando el paradojo, a pesar de las lágrimas, saca la oreja. «Cristo —dice el poeta— consideraba el pecado y el sufrimiento como cosas bellas y santas —modos de perfección.» Y luego: «El encanto de Cristo consiste en que su vida fue una obra de arte».

¡Cuánto más tierno este cristianismo de Oscar Wilde, cristianismo depurado por el dolor e hijo de éste, que el cristianismo batallador de aquel épico Tasso, por ejemplo, poeta a quien he estado leyendo al mismo tiempo que a Wilde! Nada más fresco ni más constantemente juvenil que al final del Canto IV de la Jerusalén: el arribo y la pintura de Armida entre los cruzados; pero aquí la hermosura es física, no ética como en el *De Profundis*. Wilde es el hombre del dolor; Tasso, el del combate. El poeta de Sorrento es sañudo contra los poseedores de Palestina. Tal vez sin esta fuerza de pasión el poema no sería lo que es. Aunque no olvido la fecha del poema, ni las ideas de la época, ni el ambiente que lo inspiró, confieso, sin embargo, que choca la insistencia en sombrear, no ya las obras, sino hasta los pensamientos del Soldán jerosolimitano. El Tasso destroza a los adversarios de sus creencias, a sus enemigos, en versos fieros como fieros molosos; Wilde, más cristiano, perdona a sus perseguidores. Extremar la comparación del cristianismo de Wilde con el de Tasso sería absurdo: el uno, en *De Profundis*, es un elegista, un arrepentido, un sufridor, con el *yo pecador* en los labios, mientras que el

otro es un poeta heroico y empenachado que no expone sus ideas y sentimientos sino al través de personajes y cuadros de guerra.

Pero surten del propio manantial el agua cristalina, fresca, y el chorro
ardiente y sulfuroso; la prosa de Oscar Wilde y los versos de Torcuato Tasso.

El dolor convirtió a Wilde, en sus postreros días, al cristianismo, sin que tal
cristianismo tuviera nada que hacer con sectas, protestantes o no. El autor
del *De Profundis* ha sido el último cristiano.

Obras selectas, págs. 1111-1113.

Gogol

Revisor

–¿Qué significa *Revisor*? –se preguntará la gente.

Y en el primer momento no comprenderá.

Revisor es, sin embargo, una cosa muy sencilla: es una comedia rusa, una crítica de las costumbres moscovitas [sic], escrita por un hombre raro: por Gogol.

Gogol, sarcástico, cruel en su ironía, más que incisivo, brutal, es al mismo tiempo que hombre de talento fuerte y de observación profunda y minuciosa uno de esos especímenes de humanidad raros en todas partes, hasta en Rusia. Gogol, aparte literatura, fue un místico, un alucinado, un *detraqué*, como dirían los franceses; un *mattoide*, como dirían los italianos; un destornillado, un alienado, como diríamos nosotros. Un día echó al fuego sus manuscritos, sus obras inéditas, y se murió de hambre, después de haber repartido sus bienes entre los pobres.

Llevar el desprecio de los bienes terrestres hasta darlos es cosa bella; llevar el desprecio de la vida hasta condenarse a la miseria y a la muerte es cosa admirable. Pero ¿cómo calificar el ademán de un hombre, de un artista, de un creador de belleza que desprecia la gloria –más grande que la vida y que la muerte– hasta quemar sus manuscritos y condenarse voluntariamente al olvido?

Por fortuna, no toda la obra de Gogol se ha perdido. Quedan las obras que él había publicado antes de enfermarse de misticismo. Y entre esas obras, *Revisor*.

La pieza, en el fondo, es cosa muy sencilla. Se reduce a un engaño, casi vaudevillesco. En una pequeña provincia se espera a un comisionado del gobierno de Petersburgo. Témese que tal comisionado llegue de incógnito a inspeccionar el estado de la administración. El gobernador de la provincia, el juez, el jefe del correo, el que vigila las escuelas, el que cuida de los hospitales, todo el pequeño mundo burocrático se alborota y pierde la cabeza, por temor de perder el puesto.

La cosa llega al punto de que toman a un joven viajero por el inspector. El joven, que es listo, deja correr la bola, encantado; se hace hospedar en casa del gobernador; infunde pavura, a pesar de su amabilidad constante, entre los pobres diablos provinciales; enamora a la mujer del gobernador; promete matrimonio a la hija, y, por último, se deja sobornar por los buenos empleados públicos.

El desfile de los funcionarios lugareños por el gabinete del jovenzuelo, llevando cada uno el precio del silencio que quiere obtener, es de una comicidad de buena ley, sobre todo por la torpeza con que se desempeñan los corruptores. Hay uno que saluda al joven, le entrega un puño de rublos y sale corriendo. En San Petersburgo, de seguro, se procede con más amabilidad, por la mayor frecuencia en el ejercicio de aquellas prácticas moscovitas.

La mujer del gobernador es un tipo maravilloso. Vieja verde, convencida de que cada mirada suya es un hombre muerto, rivaliza con su hija, que está en la flor de los años.

Cuando la primera visita del joven en casa del gobernador, la vieja se presenta emperifollada y asume actitudes de un remilgo sesentón.

—Ese hombre es encantador, dice; no ha hecho sino mirarme.

Pero la muchacha arguye:

—No, mamá, en quien más se ha fijado es en mí.

Entonces la vieja se torna épica.

—Calle usted, niña. Usted es una inocente. Usted no sabe de esto como yo.

Pero sí debe de saber, porque horas después el joven está a las plantas de tan coqueta personita.

La escena en que se presentan los paisanos a quejarse de los rigores del gobernador pone en evidencia la orfandad, la miseria, la desesperación en que vive ese pobre pueblo ruso, donde todo el que manda es un tirano, en donde la escala del cesarismo comienza en el gendarme y concluye en el emperador.

Se dirá: todo eso es muy poco; eso no debe impresionar. Eso es nada. *El rey que rabió* es así. Y, sin embargo, es mucho. La Venus de Milo también es poco, es nada, es una mujer desnuda.

El genio, el secreto en arte, consiste en hacer con las cosas pequeñas de todos los días las cosas grandes de todos los siglos.

Obras selectas, págs. 1113-1115.

Ibsen

Nora la noruega

Hace algunos días visité la *Casa de muñecas*, de Ibsen, según nos la enseña a los curiosos de cosas bellas, ignoradas y distantes, el conde Prozor. Conocía de atrás la traducción española. De mantilla y castañetas Nora me dejó frío. Es verdad que estaba hecha aquella traducción del noruego directamente, sin ápice de duda, por Zeda, escribidor de *La Época*, tan versado en noruego, y, sobre todo, en sueco, por el triste y grotesco Zeda, uno de los cretinos más cretinos que han pisado el asfalto madrileño. Ahora hallo a la noruega en los grandes bulevares vestida por La Ferrière, y con el prestigio de su leyenda, que ha dado la vuelta al mundo.

¿Será el nimbo de esa leyenda lo que me hace fijar los ojos? Lo cierto es que mis ojos han corrido tras Nora, sin que fueran parte a desviarlos, a llamar mi atención, otras hermosuras que pasaban junto a mí en ese momento, como la judía Salomé, de Oscar Wilde; Colomba, de Merimée, y Thais, la de Anatole France.

Imagino, sobre todo, que me ha obligado a considerar a Nora una reciente opinión inglesa.

«No te cases con Nora la noruega», aconseja la discreción británica.

Las ideas de libertad para la mujer, buenas o malas, han nacido y se aclimatan en los pueblos luteranos, en los países del Norte. No deja de ser curioso que el luteranismo, después de haber predicado la igualdad de sexos, la independencia femenina, cierra las puertas al matrimonio a las mujeres que ponen en práctica tales ideas. Desterrar a Nora al matrimonio es condenarla sin remedio a la beatería o a la prostitución.

¿De quién la culpa si ella abandona el hogar y toma el camino que le enseñaron como solo camino del honor, de la independencia, de la dignidad de su sexo?

El acto de Nora es hermoso y terrible. Después de una vida sin tacha, de consagración, de afecto, Nora abandona a su marido, abandona a sus hijos, renuncia al hogar, siembra el dolor en torno suyo, y, sin embargo, es noble como una heroína e inmaculada como una santa.

Ella no quiere vivir más entre las manos de su marido como una muñeca. Ella tiene conciencia de su dignidad.

—Tú no me comprendes, tú no me has comprendido nunca —reprocha Nora a su marido, Torvaldo Helmer, que la adora.

La misma frase de reproche —constante en labios femeniles— a su marido, a su novio o a su amante significa, en boca de las mujeres latinas y sentimentales, o deseo de agraviar al hombre, o bien necesidad de solicitud, de adivinación, de mimo, de amor.

Muy otro en la heroína de Ibsen. No comprenderla vale para Nora no considerarla como simple porcionera del contrato matrimonial, como socio de vida.

—Tú y papá —dice Nora a Torvaldo—, habéis sido bien culpables respecto a mí. A vosotros la culpa si yo no sirvo para nada.

Y más adelante, resuelta a abandonar su casa, la casa de su marido y de sus hijos, encarada con el esposo, agrega:

—Yo quiero pensar, ante todo, en educarme a mí propia. Tú no eres hombre a facilitarme tarea semejante.

Nora (¿la mujer futura?) no se arredra por nada.

Helmer: Tú hablas como una chicuela: no comprendes la sociedad de la cual formas parte.

Nora: No, yo no la comprendo, pero quiero llegar a comprenderla, quiero asegurarme de quién de los dos tiene razón, entre la sociedad y yo.

Choca en *Casa de muñecas* el que Nora, mujercita generosa, risueña, atolondrada, con la nerviosidad y el encanto de un pajarito, se trueque de súbito en una razonadora, en una inflexible, en una cerebral, fría, egoísta, al punto de salirse del domicilio del cónyuge, abandonando esposo e hijos —por vanos razonamientos, no por bajo cálculo de interés— como en desquite de no haber sido tomada en cuenta como ser pensante y responsable.

En realidad, la cosa no debiera chocar: Nora razona, no por bachillera, sino porque se siente animada de un espíritu nuevo; se aleja del cónyuge, no por casquivana, no porque el marido la haga infeliz, según los antiguos patrones de corrección marital, sino para buscar en la vida lo que la sociedad le niega. El drama consiste en el conflicto entre la sociedad, organizada como hasta ahora, y el hogar de mañana. Siendo la esquina del hogar la mujer, en las ideas y sentimientos de la mujer debía buscarse, como ha hecho Ibsen, la clave del percance.

La libertad de la mujer solo dejará de constituir un problema cuando el honor del hombre no esté a merced de la mujer; el día en que la sociedad se reforme de tal suerte que nadie asocie la idea de honor del hombre a la conducta de la mujer; el día en que la culpa de la mujer: madre, hija, hermana, esposa, no se refleje, enlodándolo, sobre el honor del hombre: hijo, padre, hermano, marido.

Mientras tanto, y para mi coleto, el problema feminista yo lo resuelvo así: libertad para la mujer, pero no para mi mujer.

Obras selectas, págs. 1115-1116.

Dostoievski-María Baskirtsev

Dostoievski me hace la impresión de una pesadilla. Cuando uno escribe de profesión, adquiere entre otras costumbres, buenas y malas, la costumbre de analizar y de seguir, a medida que se lee, el procedimiento del autor. Así, quienes menos se emocionan leyendo son los escritores. Dudo, sin embargo, que a nadie como a mí haya producido emoción más sincera y más honda la escena del rocín muerto a palos en *Crimen y castigo*, de Dostoievski. Esta novela produce malestar, un encanto constituido de desesperación. Leyéndola sufre uno, por placer. Es el goce del leproso que se rasca la úlcera. En mi espíritu se establece no sé qué vaga analogía, una correlación de misterio entre los rusos atormentados, caprichosos, analizadores, brutales, desesperados, de *Crimen y castigo*, y los tipos de quimera de algunos cuadros de Weber, esos hombres taciturnos, pequeñitos, barbudos, monstruosos.

Los autores moscovitas [sic] nos han puesto en contacto con el alma rusa, con seres que viven en plena desesperación, para los cuales el dolor es pan cotidiano, como el Raskolnikov, de Dostoievski. Esos bárbaros de Rusia son los seres más sensibles. Ninguna raza, ni la pura raza española, se parece tanto, quizá, moralmente y bajo ciertos aspectos, a la hispanoamericana como la rusa. Valdría la pena de hacerse un paralelo, por un psicólogo que conociera ambos pueblos.

De entre los rusos, yo tengo especial amor a María Baskirtsev. Ella no se contentó con pintarnos otras almas, sino que nos descubrió la suya, placer de perlas sentimentales, mina de oros románticos y dolorosos. Aparte su talento, su hermosura, su juventud, su muerte, todo el romanticismo de su leyenda, el alma de María Baskirtsev es tan desolada y tan amarga como el de los personajes de libro que otros rusos —Dostoievski, Gorki, etc.— pintan en sus novelas. Y aunque los personajes del libro sean formados con fragmentos de vida, acaso con páginas de vida propia, siempre nos interesa más —o por lo menos a mí me interesa más— el alma de verdad y de amargura de María Baskirtsev.

Obras selectas, págs. 1116-1118.

Anatole France

Abro un libro de Anatole France, de este Anatole France a quien admiro tanto y a quien tan a menudo leo. La crítica roedora, la mordedura ratonil y la benedictina cotejación de los eruditos cuentan entre las cosas por las cuales no me entusiasmo. Sin embargo, acabo de comprender, leyendo a Anatole France, toda la voluptuosidad, todo el pedantismo satisfecho que pone un erudito al escoliar, o en una apostilla.

A las primeras páginas de France, leo:

«Este paraíso (el paraíso de una estampa de Biblia) era un paisaje de Holanda, y había allí, sobre las colinas, fresnos torcidos por el viento del mar.»

Yo, que vivo en Holanda, sonrío. En Holanda no hay colinas; y aunque hubiese diez, veinte, más colinas; aunque hubiese toda una provincia escarpada, más que Limburgo, nadie podría hablar de Holanda como país montañoso ni recordar a la vista de una colina de estampa el paisaje holandés. Por lo demás, nadie es dueño de sus fantasías. No me extraña que alguien a la vista de un huevo de paloma piense en Jesucristo, por ejemplo; el huevo de paloma ha podido sugerir el recuerdo del Espíritu Santo en forma colombina, y el ave sagrada el recuerdo de Jesucristo.

Pero los ejemplos, a veces, más embrollan que aclaran. Lo cierto es que una cosa puede sugerir las más contrapuestas, por un proceso interno del autor a quien leemos, nos extrañamos de las fórmulas finales, por ignorar las intermedias. Esto es, acaso, lo que me ha pasado ahora con Anatole France.

Pero eso no es todo. Páginas adelante, en artículo sobre Rabelais, el delicioso crítico apunta: «Il (Paul Stapfer) s'écrie: Mon gentil Rabelais comme Dante soupirait: Mon beau Saint Jean».[61]

Anatole France sabe más que ninguno, y conoce al Dante sobre todo, a quien cita con frecuencia. Así, pues, me escudo contra un probable yerro mío confesando que ignoro si Dante ha escrito refiriéndose al profeta San Juan la frase que el crítico francés le atribuye. Sé, sí, que Dante citó en el Canto XIX del *Infierno* el Baptisterio de Florencia: San Juan, como se le llama: mio bel San Giovanni, como lo nombra con amor el vate gibelino.

---

61 Él (Paul Stapfer) se decía: mi gentil Rabelais suspiraba como Dante: mi bello San Juan. (N. del E.)

Voy a transcribir el terceto.

Dante viene refiriéndose a ciertos agujeros del Averno, en cada uno de los cuales yacía un simoníaco, y dice:

Non mi parean meno ampi me maggiori
che quei che son nel mio bel San Giovanni
fatti per loco de batezzatori.[62]

Es difícil formarse idea de los agujeros infernales tal como los concibió Dante, pues las pilas del bautismo con que los compara no existen. Rivarol, si no recuerdo mal, ha hecho ya esta observación.

En el terceto siguiente al que cito cuenta Dante que él rompió una de esas pilas para salvar a uno *che dentro si annegaba.*[63]

Si algún día mi querido y venerado maestro Anatole France leyera estas nótulas, estoy seguro de que sonreiría y de que haría una frase deliciosa sobre la fragilidad de la memoria y los irrespetos de la juventud.

Obras selectas, págs. 1119-1120.

---

62   No me parecieron ni menos anchos ni mayores que aquellos de mi bello San Juan, hechos para ser usados como pilas bautismales. (N. del E.)
63   Que dentro de ese nicho se ahogaba. (N. del E.)

194

La fuerza del espíritu

La censura encuentra, a su turno, censores. También encuentra apologistas. Yo no la censuro, ni la aplaudo. Puesto a escoger, más bien la aplaudiría. Aunque no precisamente por las mismas razones que el comediógrafo de Los intereses creados. Según éste, no se nos debe dejar decir nada, porque nada de bueno tenemos que decir. En el momento de suscribir tal opinión, quizás pensaba Benavente en el señor Pérez de Ayala.

Mi opinión respecto de la censura —que la censura, si posee el buen sentido que le supongo, dejará pasar— tiene otro fundamento.

En el fondo la censura es un homenaje a la inteligencia. Bastaría eso para que nos fuera simpática a los escritores. ¿Qué nos demuestra? Nos demuestra que un gobierno enérgico, sin trabas, rodeado de bayonetas, se preocupa, sin embargo, de la pulgada de acero que puede tener una pluma.

Otros gobiernos no se preocupan de la pluma, ni de la mano que sostiene la pluma, ni del espíritu que mueve la mano. Prefiero la censura a la indiferencia; y la mordaza, a la sordera.

Este homenaje indeliberado a la pluma, ¿conseguirá dejarnos helados como témpanos?

Al censurarnos, se manifiesta asimismo un fervoroso respeto a la opinión pública. Se la desea mansa, propicia; se desea que nadie la extravíe, lo que vale decir la gane a ideologías que se suponen nocivas.

La agudización de este sentimiento de respeto a la opinión pública que demuestran aun los más fuertes, es bien moderna. En la última Gran Guerra hubo ejemplos ilustres: vimos a las naciones más influyentes, ricas y civilizadas de Europa gastar millones y millones para granjearse, no ya la voluntad de sus propios ciudadanos, sino la voluntad de los ciudadanos ajenos, en países pequeños y remotos.

Los escépticos y los llamados «hombres prácticos» reirán. Los hombres prácticos, como sabemos, son aquellos que no columbran sino las realidades cercanas; los que no miran más allá de sus narices.

—¡Perder prestigio en China! —dirá alguno de éstos—. ¡No gozar de buena opinión en el Canadá! ¡Ahí me las den todas!

Error. Fresco está el caso de Inglaterra; es decir, del más poderoso imperio del mundo, ocupándose afanoso durante la Gran Guerra en conquistar la opinión de repúblicas microscópicas, como el Uruguay, de población más reducida que la sola capital inglesa.

Pero esa pequeña república es una voz bien distinta en el concierto humano. Es decir, representa un alma. Cuando la inmensa y materialista Inglaterra procura congraciarse con aquel pequeño país, rinde homenaje, en definitiva, al espíritu.

Esto no lo supo practicar, o lo aprendió tarde, Alemania, demasiado imbuida en las preocupaciones kaiserinas y nietszcheanas [sic] de confiar solo en la pólvora seca, en la cachiporra lista, en la brutalidad feroz. No lo supo, y perdió la guerra, aunque poseía el mejor ejército de Europa.

Lo supo, en cambio, Inglaterra, y lo supo Francia. Francia no tuvo sino recordar a uno de sus más perspicuos espíritus: a aquel a quien la hija de un personaje de novela pregunta:

—¿Cómo cambiar el mundo?

Y obtiene respuesta:

—Con la palabra, hija mía... Sin ella, el mundo pertenecería a los brutos potentes. Los tiene a raya, sola, sin armas y desnuda, la idea.

Motivos y letras de España, págs. 313-320.

El cine yanqui y algunos de nuestros pueblos

¡Qué revuelo ha levantado cierta película yanqui antiespañola, aun antes de exhibirse en España la tal película!

El Gobierno, en nota discretísima, comunica a la opinión nacional que se propone averiguar lo que exista de cierto. En caso de ser deprimente para España la película yanqui, se tomarán las sanciones al alcance.

¡Muy bien, muy bien, muy bien! Creo que el gobierno español merece esta vez aplauso, aun de los más adversos —como yo— a su origen y procedimientos. Lo aplaudo de todo corazón en mi calidad de ciudadano del mundo; y, como ciudadano del mundo, con voz, si no siempre con voto, en las cuestiones que al mundo interesan.

Lo aplaudo y me explico su actitud. No se puede —pensará el Gobierno— alardear de rigorismo en las cuestiones internas, para escurrir el bulto y callar ante una ofensa o supuesta ofensa extranjera.

No se dirá esta vez que la opinión pública no se ha encabritado con la gratuita mortificación que se inflige al amor propio nacional. Aun antes de conocer la incriminada cinta, cinta si no injuriosa por lo menos de intención aviesa, en todo caso perjudicial, ya la opinión se desazona: la prensa toda ha tratado el punto; las autoridades de Barcelona protestan con energía, y resuelven impedir la proyección de la película en los cines barceloneses.

Pero ocurre que ha bastado la actitud del Gobierno para que sobre quienes, por llevar la contraria a los poderes constituidos, se pongan a quitarle importancia al asunto, aun antes de poderlo juzgar. No tenemos hasta ahora para enjuiciar otro dato efectivo que la protesta de los españoles de Nueva York y otras ciudades de los Estados Unidos. Conociendo la sensibilidad y la ideología de aquel país, esos ciudadanos españoles residentes en los Estados Unidos pueden valorar mejor que nadie lo que perjudica y ofende allí, aunque en otras partes se consideren solo aquella ofensa y aquel perjuicio como leves motivos pintorescos y meras especulaciones de empresarios.

La colonia española de Nueva York recordará algo más, que en España puede olvidarse, o no saberse.

Recordará la colectividad española de Nueva York que el cinematógrafo, como los cables, son, en los Estados Unidos, industrias políticas; y que en las conveniencias y en los odios de la política nacional se inspiran. Ambas son poderosísimos agentes de propaganda nacional y arietes formidables contra los otros países a los que se desee desprestigiar, ya ante los Estados Unidos, ya ante el mundo entero. Por todo el mundo, en efecto, se divulgan la divertida industria peliculera de Yanquilandia y su poderosa acción cablegráfica. Ambas son informativas, y muy a menudo tendenciosas.

Pueblo tan grande, tan rico, tan fuerte, tan prestigioso y tan decisivo en las cuestiones internacionales como Inglaterra, que se podía creer fuera del alcance del alegre ataque cinematográfico de los yanquis, ha tenido que fruncir el entrecejo ante la campaña de descrédito disimuladamente organizada contra Inglaterra por los peliculeros de los Estados Unidos.

¿Y habrá España de cruzarse de brazos ante un ataque semejante? De la época de la hegemonía española en Europa queda un ejemplo de lo peligroso que es para un pueblo ignorar o despreciar. Por cruzarse de brazos despectivamente, o por ignorancia, ante las agresiones literarias de Holanda, Inglaterra y Francia, se encontró España un día con una leyenda odiosa que no ha podido destruir y con la antipatía del mundo.

No faltarán ahora escépticos que con razones especiosas y en muy relamidos párrafos le aconsejen encogerse de hombros. Otros dirán que se trata de la opinión respecto al país de un mero industrial. Otros, que un actor y una actriz, sin pérfida intención, solo han buscado motivos pintorescos para lucirse y ganar dinero.

Creo que son las colectividades españolas de Nueva York y otras ciudades de Yanquilandia quienes tienen razón; y que sin conceder a este asunto carácter dramático —que desde luego no merece—, conviene precaverse.

Voces informativas no han faltado. Poco tiempo atrás publicó *El Sol* una correspondencia de don César Falcón, su redactor en Londres, respecto al carácter político de la propaganda yanqui por medio del cinematógrafo. Decía el señor Falcón, con insuperable acierto:

Las películas norteamericanas son las más baratas y las más estúpidas. Son, además, el mejor instrumento para embrutecer a los pueblos. Tienen una moral: la fuerza bruta; una técnica: la vieja técnica de los folletines; un objeto: LA PROPAGANDA DE LOS ESTADOS UNIDOS; y cuatro personajes: el yanqui, el inglés, el español y el mexicano. Las gentes sencillas están aprendiendo con las películas norteamericanas que EL ESPAÑOL ES UN

SER HOLGAZÁN, FANFARRÓN Y COBARDE; el mexicano, asesino, ladrón y traidor; el inglés, un dandy amanerado, elegante y sinvergüenza, y el yanqui, un mozo fuerte, audaz, honrado y valiente.

Como esta enseñanza se da sistemáticamente y divertidamente a las gentes menos aptas para analizarla y rechazarla, ha llegado a ser un evidente peligro para la educación espiritual de los pueblos, aparte de UNA CONSTANTE DIFAMACIÓN DE TRES GRANDES NACIONES: INGLATERRA, ESPAÑA Y México.

• • •

En España, la gente aborregada no entenderá. «Ni estuviera bien que lo entendiérades», diría el clásico.

Los que se pasan de listos razonarán así:

—Es muy explicable que los Estados Unidos traten de desprestigiar a Inglaterra: Inglaterra es el tendero de enfrente, el rival. El mundo les parece poco para repartírselo a estos dos pueblos sajones de tan anchas tragaderas y tan quisquillosas ambiciones.

—¿Y México?

—También parece lógico que los yanquis calumnien y desopinen a México, pintándolo como un pueblo bárbaro, cobarde, malvado, a quien los Estados Unidos tendrán un día que ir a civilizar, apoderándose de paso, por vía de resarcimiento a los gastos de la campaña civilizadora, de las minas de plata, los pozos de petróleo y varios millones de kilómetros cuadrados de territorio. Y naturalmente descaracterizando, deshispanizando, desmexicanizando todo aquello, como se ha hecho en Nuevo México, detentado por el yanqui.

—Puede...; ¿pero qué nos importa eso a nosotros, los españoles?

Y añadirán:

—¿Qué interés pueden tener los yanquis contra España? Al contrario, demuestran por diferentes medios su simpatía: aprenden español, viajan por la Península como turistas, nos ofrecen regalos para fundaciones, nos prometen capitales para nuestras industrias.

—Sí, en efecto, puede contestárseles. Los yanquis aspiran a exportar capital a España, como a los países balcánicos y a la América Central y del Sur; no por altruismo, ni simpatía: saben lo que hacen. Cada quien exporta lo que tiene de sobra: ellos exportan dinero... Aun a cañonazos, como en Honduras y Santo Domingo, se abren los yanquis mercados para esta mercancía. El pueblo trabaja y las compañías cobran. De los turistas no hablemos: viajan por divertirse, no por favorecer a los pueblos a donde van. El español, lo aprenden, sí; por las mismas razones que los franceses aprenden alemán y los alemanes francés. España no entra para nada en ese aprendizaje. ¿O alguien supone que estudian español para leer las novelas de *El caballero audaz*, conocer el teatro de Linares Rivas o escuchar los discursos de Vázquez de Mella? Si algún autor moderno les interesa, o ha sido ya traducido o pueden hacerlo traducir. ¿Por los clásicos? Los clásicos españoles que viven están en todas las lenguas de Europa, desde Cervantes hasta Calderón y desde Lope hasta Quevedo. No hay que hacerse ilusiones. Cuanto a las fundaciones, obedecen a todas las razones que se quieran y puedan aducir, menos a la simpatía o el amor. A México, a quien no aman evidentemente, le ofrecen muchos millones para desenterrar los monumentos y las ciudades indios, precortesianos, de Yucatán.

—¿Entonces?

—Entonces lo que se busca es perpetuar un equívoco con respecto a España y demoler su prestigio como pueblo moderno. Se trata principalísimamente de dañarla en el afecto y el respecto de los hispanoamericanos; se trata de contribuir a que pierda el puesto que en la vida y el pensamiento de aquellas naciones empezaba de nuevo a conquistar tan valiente, discreta y laboriosamente. A pesar de la mayoría de sus escritores, comenzando por los filósofos...

—¿Usted cree?

—Estoy convencido. Ciegos son los que no ven. Para verdades, el tiempo.

• • •

La opinión pública española, con el instinto del peligro, hace bien en alarmarse; y el gobierno español demuestra una clara conciencia de su deber disponiéndose a estudiar el caso.

En circunstancias idénticas se encontraron Inglaterra y México, y tanto uno como otro pueblo han tomado medidas defensivas.

El gobierno español puede esgrimir un arma de primer orden. Yo se la brindo. Si la sabe blandir con éxito no solo anulará en mucha parte la mala intención extranjera, sino que demostrará al mismo tiempo que su

200

influencia internacional crece. Demostrará también que no hemos perdido todos nuestro tiempo en propagar sentimientos de simpatía y acercamiento entre los pueblos hispánicos; y que este sentimiento de acuerdo, ya puesto a prueba, puede servir para mejores ocasiones.

El arma es ésta: solidaridad. Que el gobierno español invite a todos los gobiernos hispanoamericanos —a todos, sin excepción alguna— a que no permitan en su territorio la exhibición de esa película ni de ninguna película donde no se trate con el respeto debido a cualquier pueblo de nuestra comunidad hispánica. Será un paso práctico, el primero, hacia la anfictionía con que soñó Bolívar, El Libertador.

Motivos y letras de España, págs. 313-320.

Libros a la carta

A la carta es un servicio especializado para
empresas,
librerías,
bibliotecas,
editoriales
y centros de enseñanza;
y permite confeccionar libros que, por su formato y concepción, sirven a los propósitos más específicos de estas instituciones.

Las empresas nos encargan ediciones personalizadas para marketing editorial o para regalos institucionales. Y los interesados solicitan, a título personal, ediciones antiguas, o no disponibles en el mercado; y las acompañan con notas y comentarios críticos.

Las ediciones tienen como apoyo un libro de estilo con todo tipo de referencias sobre los criterios de tratamiento tipográfico aplicados a nuestros libros que puede ser consultado en Linkgua-ediciones.com.

Linkgua edita por encargo diferentes versiones de una misma obra con distintos tratamientos ortotipográficos (actualizaciones de carácter divulgativo de un clásico, o versiones estrictamente fieles a la edición original de referencia).

Este servicio de ediciones a la carta le permitirá, si usted se dedica a la enseñanza, tener una forma de hacer pública su interpretación de un texto y, sobre una versión digitalizada «base», usted podrá introducir interpretaciones del texto fuente. Es un tópico que los profesores denuncien en clase los desmanes de una edición, o vayan comentando errores de interpretación de un texto y esta es una solución útil a esa necesidad del mundo académico.

Asimismo publicamos de manera sistemática, en un mismo catálogo, tesis doctorales y actas de congresos académicos, que son distribuidas a través de nuestra Web.

El servicio de «libros a la carta» funciona de dos formas.

1. Tenemos un fondo de libros digitalizados que usted puede personalizar en tiradas de al menos cinco ejemplares. Estas personalizaciones pueden ser de todo tipo: añadir notas de clase para uso de un grupo de estudiantes, introducir logos corporativos para uso con fines de marketing empresarial, etc. etc.

2. Buscamos libros descatalogados de otras editoriales y los reeditamos en tiradas cortas a petición de un cliente.

.